GABRIELE HENKEL
Die Zeit ist
ein Augenblick

GABRIELE HENKEL

Die Zeit ist
ein Augenblick

Erinnerungen

Deutsche Verlags-Anstalt

Sollte diese Publikation Links auf Webseiten Dritter enthalten, so übernehmen wir für deren Inhalte keine Haftung, da wir uns diese nicht zu eigen machen, sondern lediglich auf deren Stand zum Zeitpunkt der Erstveröffentlichung verweisen.

Verlagsgruppe Random House FSC® N001967

2. Auflage, 2017
Copyright © 2017 Deutsche Verlags-Anstalt, München,
in der Verlagsgruppe Random House GmbH,
Neumarkter Str. 28, 81673 München
Umschlag: Büro Jorge Schmidt, München
Umschlagmotiv: Privatbesitz (Cover), © John Bulmer (Rückseite)
Typografie und Satz: DVA / Andrea Mogwitz
Gesetzt aus der Adobe Garamond
Druck und Bindung: Friedrich Pustet, Regensburg
Printed in Germany
ISBN 978-3-421-04808-0

www.dva.de

Für Konrad Henkel in Liebe

Inhalt

Einleitung 9

1.
Das Glück der Liebe 15

2.
Alles ist Kindheit 61

3.
Ich bin doch kein Eichhörnchen 89

4.
Und so, wenn mich nicht alles täuscht,
ist das Leben 113

5.
Schmetterlinge weinen nicht 133

6.
Auf den Flügeln der Zeit 163

7.
Ausgewählte Briefe 177

Personenregister 231
Quellennachweis 237

Einleitung

Mich hat nie der Wunsch geleitet, mit vielen Worten mir ein eigenes Denkmal zu bauen. Nichts liegt mir ferner. Ich halte es eher mit Walt Whitman. Der große amerikanische Dichter hat von dem Bestreben gesprochen,»das Rätsel aller Rätsel zu lösen. Und das nennen wir: Sein.« Das war auch mein Bestreben beim Schreiben meiner Erinnerungen.

Mein Blick zurück gilt dem Puzzle meines Lebens. Es fügt sich aus so vielen einzelnen Geschichten zusammen – Fügungen, im wahrsten Sinne des Wortes, Erlebnisse, Ereignisse, Begegnungen. Ja, das Glück meines Lebens waren die Menschen, die Persönlichkeiten, die ich kennenlernen durfte. Manchmal waren sie auch das Unglück.

Natürlich steht an erster Stelle Konrad Henkel, der Mann meines Lebens. Wir haben 1955 geheiratet, und da wurde aus der Arzttochter Gabriele Hünermann die Ehefrau des Chemikers Konrad Henkel. Er war damals noch nicht der Industrielle, der Patriarch des Konzerns mit all den Marken, die es in jedem Haushalt gab,»Persil« oder»Pril« oder»Fa«. Das wurde er erst später.

Konrad konnte mit Menschen umgehen, auch wenn er von Natur zurückhaltend war. Es ist ihm hoch anzurechnen, dass er es wohlwollend billigte, wie ich unser Haus an der Chamissostraße in Düsseldorf oder unser Landhaus in Hösel in eine gesellschaftliche Bühne verwandelte. Joseph Beuys, Hildegard Knef, Henry Kissinger, Günther Uecker, Gregor von Rezzori, Helmut

Schmidt, Bob Wilson, Peter Wapnewski – das Spektrum konnte nicht groß genug sein. Gelegentlich endeten die Abende im Salon tumultuös, zum Beispiel als zwei prominente Autoren dermaßen in Rage gerieten, dass sie die venezianischen Gläser – gefüllt mit Champagner – an Gemälde flämischer Manieristen schleuderten. Zum Glück war Konrad schon zu Bett gegangen. Ich liebe Gemälde wie meine Freunde. Ein Tag mit Kunst ist ein guter Tag. Und ich hatte viele gute Tage, insbesondere seit 1970. Da bekam ich den ehrenvollen Auftrag, eine Kunstsammlung für die Firma Henkel aufzubauen. Sie wächst bis heute. Nach dem Tod von Konrad, am 24. April 1999, war sie mein Trost in der Trauer. Es ist ein Privileg, mit Künstlern befreundet zu sein. Frank Stella und ich sind seit langen Jahren eng vertraut, und die New Yorker Kunstwelt nahm mich mit offenen Armen auf – der Kunsthändler Leo Castelli, die Factory um Andy Warhol, der Architekt Philip Johnson. Von Letzterem stammt übrigens der zauberhafte Skulpturenhof im Museum of Modern Art, dem Museum, das mich in seinen Internationalen Beirat berief.

Bazon Brock, damals Dekan der Bergischen Universität in Wuppertal, schrieb einmal:»Bildung umfasst nicht nur Aspekte des Geisteslebens, sondern auch die erlernbare Technik des gesellschaftlichen Lebens.« Er meinte damit wohl auch die visuelle, kommunikative Ausgestaltung meiner Soirees für Freunde und Gäste, von denen Joseph Beuys sagte:»Es sind wahre Kunstwerke. Du musst sie signieren.«

1990 ernannte Bazon Brock mich zur Professorin an der Universität Wuppertal. Aus der Tochter des Professors Hünermann, Chefarzt des Düsseldorfer Marienhospitals, war selber eine Professorin geworden, für Kommunikationsdesign.

Ich erinnere mich, wie ich als Kind immer wieder fasziniert vor meinem Lieblingsbild stand, einer Abbildung von»Tizians Tochter Lavinia«, es hing in meinem Elternhaus über der

Anrichte im Esszimmer. Das war meine erste Begegnung mit Kunst – und meine letzte Erinnerung an eine glückliche Kindheit. Der Zweite Weltkrieg brach aus, Düsseldorf wurde in Schutt und Asche gelegt, das Bild unter Trümmern begraben. Es folgten Jahre der Flucht, von einem Unterschlupf zum nächsten, zusammen mit meiner Mutter und meinen drei Geschwistern. Vater war an der Front. Ein einziger Albtraum.

Ich bin nie richtig zur Schule gegangen. Kontinuierlich, wie es sich gehört, meine ich. Wie denn auch, in dieser schrecklichen Zeit? Und in den ersten Nachkriegsjahren hatte ich Hand im Haushalt anzulegen, schließlich mussten wir unsere Existenz wiederaufbauen. Ich war ein verschüchtertes Mädchen mit »Haaren wie Sauerkraut«, wie mein Vater meinte, und »zu dick«, wie meine Mutter fand. Auch das war nicht gerade ermutigend.

Als ich sechzehn Jahr alt war, schickten meine Eltern mich nach London, ohne einen Pfennig in der Tasche. Das Leben lag vor mir, ich musste es nur noch anpacken. Aber wie? Ich begann als Au-pair-Mädchen, lernte Englisch und wurde Journalistin. Das war schon lange mein Traum gewesen, doch ich hätte mir nicht träumen lassen, dass meine Artikel schon kurz darauf in dem renommierten amerikanischen Nachrichtenmagazin *Newsweek* erscheinen würden.

Jeder ist seines Glückes Schmied, heißt es so schön. Aber das stimmt nicht ganz. Es gehört auch eine Portion Glück dazu. Ich denke, ich wäre Journalistin geblieben, hätte der Zufall – oder das Schicksal – mich nicht mit Konrad Henkel zusammengeführt. Nahezu ein halbes Jahrhundert haben wir gemeinsam erlebt. Wir tanzten nicht durch die Jahrzehnte, dazu waren die Zeiten zu wechselhaft. Sie bescherten uns die DDR, das Wirtschaftswunder, den Mauerbau, den Deutschen Herbst, die Wiedervereinigung, den Euro. Es war eine bewegte, eine geschichtsträchtige Epoche.

Dasselbe gilt für die Welt der Kunst, der Literatur, des Theaters – wie hat sie sich verändert! Wenn ich mein Leben Revue passieren lasse, dann geht es nicht nur um mich, sondern um die Menschen, die in dieser Epoche ihre Spur hinterlassen haben. Ich kannte viele von ihnen gut und war mit ihnen befreundet. All die wunderbaren Freundschaften, über so viele Jahrzehnte – sie haben mich geprägt, sie haben mich beglückt, und jetzt ist mein Herz manchmal schwer. Die meisten Menschen, die mir nahe standen, leben nicht mehr. Ich vermisse meine Lebensgefährten. Einsamkeit gehört zu meinem Leben.

Zum Glück gibt es die Briefe. Meine Korrespondenz mit Friedrich Torberg zum Beispiel umfasst zwei Jahrzehnte. Sie stammt noch aus einer Zeit, als Mitteilungen nicht per SMS verschickt wurden, sondern seitenlang waren und im Briefkasten landeten, dank dem Postboten. Torberg, der überragende Schriftsteller, war der geistvollste Briefschreiber in meinem Leben.

Oder der Austausch mit Ludwig Bemelmans – Hunderte von Briefen, die er liebevoll mit Zeichnungen illustrierte. Er war ja auch Cartoonist für die *Vogue* und den *New Yorker*. Onassis gab ihm den Auftrag, das Kinderzimmer auf seiner Yacht »Christina« auszumalen. Durch ihn lernte ich John F. Kennedy und dessen schöne Frau Jackie kennen.

Wenn ich in die alten Korrespondenzen eintauche, dann kommt es mir plötzlich so vor, als stünden die Freunde wieder leibhaftig vor mir. Ich höre ihre Stimmen, ich sehe ihren Gang, ich erinnere mich förmlich an den Duft ihres Eau de Toilette. Sogar die Nase hat ein Gedächtnis.

»Die Zeit ist ein Augenblick«, hat Jean Paul gesagt. »Unser Erdendasein wie unser Erdengang ein Fall durch Augenblicke.« Jean Paul hat Poesie mit Romantik und Humor verbunden. So empfinde ich rückblickend mein Leben. Es war ein intensives

Leben, der Liebe und der Kunst gewidmet. Es gab Höhen und Tiefen, stets begleitet von Lebensfreude.

Hier also meine Erinnerungen. Es ist keine Biografie, wie man sie über Napoleon erwartet, kein chronologischer Rückblick auf ein Leben, das sich wie ein mächtiger Strom durch Schlachten und Siege zieht. Meine Biografie sprudelt eher in Form von Reminiszenzen über die kostbaren Kieselsteine im Flussbett der Erinnerung. Eine Liebeserklärung an das Leben.

Düsseldorf, Juni 2017
Gabriele Henkel

1.

Das Glück der Liebe

Gabriele Henkel? An den neuen Namen musste ich mich erst einmal gewöhnen. Ich war Anfang zwanzig. Die Kindheit, die Jugend, die erste Zeit als angehende Journalistin in Bonn, all das war mit meinem Mädchennamen verbunden: Gabriele Hünermann. Nun war ich Ehefrau, hatte eingeheiratet in die Familiendynastie Henkel, ein Markenname, der in Deutschland in jedem Haushalt ein Begriff war.

Henkel. Die Firma war das Aushängeschild des deutschen Wirtschaftswunders. Ein paar Jahre später sollte das »neue Persil« seinen Siegeszug antreten, »Persil 59«, benannt nach dem Jahr, in dem es auf den Markt kam.

Die Geschicke des Konzerns lenkte Jost Henkel, der ältere Bruder von Konrad. Er war Vorsitzender des Aufsichtsrats. Konrad Henkel war Wissenschaftler mit Herz und Seele. Er arbeitete im Labor der Firma. Dort trug er – leidenschaftlicher Chemiker, der er war – einen weißen Kittel. Als ich ihm einmal einen Besuch abstattete und ihn zur Begrüßung umarmen wollte, drehte er sich erschrocken weg und meinte: »Das tut man hier nicht.« Er war ein pflichtbewusster, zurückhaltender Mann. Umarmungen waren meine emotionale Mitgift in die neue Familie. Meine materielle Mitgift: ein Barockschrank, eine Biedermeierkommode, Spitzendecken und silbernes Besteck. Mehr besaß ich nicht. Die Biedermeierkommode hatte schon in meinem Kinderzimmer gestanden, und nun stand sie in dem

Zimmer, das für unser erstes Kind vorgesehen war. Drei Jahre nach unserer Hochzeit war ich schwanger.

Konrad, der schon drei Töchter aus erster Ehe hatte, versicherte mir, dass er sich auf seine vierte Tochter freue. Aber es wurde ein Sohn, Christoph. Drei Stunden vor der Geburt saß Konrad noch bei mir im Zimmer in der Frauenklinik und bastelte ein Schiffsmodell. Dann erhob er sich und sagte sachlich, wie er war: »Das Boot ist fertig, ich gehe nach Hause.«

Wir wohnten damals noch in Konrads Junggesellenwohnung in der Grunerstraße in Düsseldorf, einem bescheidenen Zuhause. Bald erwies sich, dass es zu klein für die junge Familie war, und nach Jahren zur Miete wurde das eigene Haus zum Thema.

Konrad hatte einen Bauplatz an der Bergischen Landstraße gekauft. Ich flog nach Los Angeles, um den berühmten österreichischen Architekten Richard Neutra zu besuchen und ihn um einen Entwurf zu bitten. Er hatte herrliche Häuser in der Wüste gebaut und wusste als Europäer, wie ein großbürgerliches Haus auszusehen hat. Sein Entwurf war genial, zeitlos. Er baute von außen nach innen, ganz so, als lebten wir auch im Rheinland nach dem Motto: *It never rains in Southern California*. Für mein Schlafzimmer waren keine Wände vorgesehen, sondern nur Glasfronten. Überall sollte Wasser rieseln, so wie an den Glasscheiben in der Wüste. Der Architekt hatte jedoch das europäische Klima vergessen. Schade, sein Entwurf konnte leider nicht umgesetzt werden.

Was nun? Wir packten die Kinder ein, Christoph und die drei Töchter, und machten Sommerferien. Auf Cap d'Antibes hatten wir eine Villa gemietet, die Villa Fiamma, ein charmantes altes Haus, ausgestattet mit provenzalischen Möbeln und Bildern des 18. Jahrhunderts. In dem benachbarten Pinienwäldchen war ein Becken mit Seerosen, wo nachts die Frösche ihre quälenden Konzerte anstimmten.

Ein Mann namens Fritz Mandl kam des Weges, Österreicher, vermutlich Waffenhändler. Außerdem sammelte er Frauen. Wir waren zweimal seine Gäste bei späten Mittagessen an seinem Badehaus. Zweimal zu oft. Die Wut, dass er mich nicht in seine Kollektion einreihen konnte, animierte ihn zu verrückten Manövern. Einmal – ich schwamm gerade arglos im Meer – legte er es darauf an, mir mit seinem Speedboot Angst einzujagen. Nicht weit entfernt lag eine majestätische Segelyacht vor Anker. Der blendend aussehende Herr an Bord veranlasste seine Matrosen, mich aus der Mandl-Gefahrenzone zu retten. *I was his pick-up*, im wahrsten Sinne des Wortes. An Bord wurden mir ein flauschiger Frotteemantel und ein Föhn gereicht. Ich wusste nicht, dass es sich bei meinem Retter um den wichtigsten Industriellen Italiens handelte, den Chef der Fiat-Werke – Gianni Agnelli. Wir hatten einen wunderbaren Segelnachmittag, tauschten Telefonnummern aus, und dann wurde ich an Land gebracht.

Tage später ließ er mich erneut abholen, wieder auf sein Schiff *Agneta*. Er war ein Bild von Mann. Er hatte Charisma, eine bezwingende Ausstrahlung. Wir sollten uns im Leben noch öfter begegnen. Später saß er, zusammen mit Konrad, im internationalen Beirat der Chase Manhattan Bank, auf Wunsch von David Rockefeller. So lernte ich auch seine Frau Marella kennen, eine neapolitanische Prinzessin, deren Schönheit sich in Jahrzehnten nicht veränderte. Ihr klassisches Profil, ihr Schwanenhals, fotografiert von Richard Avedon, wurde zur Ikone des Jetsets.

Die Agnellis waren berühmt für ihren erlesenen Geschmack. Sie wohnten in märchenhaften Häusern, an den schönsten Orten der Welt: der Villa Fiorentina an der Côte d'Azur, dem Chalet in Gstaad, dem riesigen Apartment in New York oder der Wohnung in Rom mit Blick auf den Präsidentenpalast. Seine amourösen Abenteuer hatte *L'Avvocato*, wie er genannt wurde, lieber in Rom im Grandhotel, in seiner Suite, diskret und perfekt eingerichtet, mit gedämpftem Licht. Ich besuchte ihn dort mehrfach auf einen Aperitif, zusammen mit meinem Freund Sandro d'Urso. Gianni hatte die Eigenschaften seiner Rennwagen: schnell und elegant. Immer ungeduldig, stets in Eile. Das schloss nahezu aus, dass man ihn als guten Liebhaber bezeichnen durfte.

*

Sommer, das war stets die Jahreszeit, die mein Herz höher hüpfen ließ. Sie bedeutete Ferien, Zeit für einander, Zerstreuung. Eigentlich die Zeit, in der sich das Leben am leichtesten anfühlte. Auch die höheren Mächte, die mitunter Unheil bringen, schienen Urlaub zu machen.

Welch ein Schock war es, als mitten im Sommer 1961 das Schicksal zuschlug: Jost, Konrads älterer Bruder, verstarb völlig unerwartet an einer Lungenentzündung. Er wurde nur einundfünfzig Jahre alt.

Jost Henkel, der Vorstandsvorsitzende des Henkel-Konzerns, war eben noch omnipräsent gewesen: Die Kolonnen der Henkel-Vertreter schwärmten durch das Land, von Haustür zu Haustür, um die deutsche Hausfrau für das »neue Persil« zu gewinnen – im Gepäck hatten sie einen Werbespot, in dem Jost von dem Produkt schwärmte (»Das beste Persil, das es je gab«). Und nun lebte Jost nicht mehr. Schrecklich!

Unser Leben änderte sich schlagartig. Von einem Tag auf den anderen musste Konrad seinen geliebten weißen Kittel an den Nagel hängen und in die Rolle des obersten Konzernlenkers schlüpfen. Chef über ein Imperium mit zwanzigtausend Angestellten – das behagte ihm gar nicht. Aber er stellte sich der Verantwortung, pflichtbewusst, wie es seine Art war.

Das Schicksal bescherte uns somit auch die Antwort auf die Frage nach den eigenen vier Wänden. Wir beschlossen, in das

Haus von Jost zu ziehen, ein hübsches Reihenhaus mit einem großen Garten in der Chamissostraße.

Häuser haben eine Seele, und dieses Haus war natürlich traurig, ebenso wie wir, dass Jost nicht mehr da war. Wir wollten uns alle Mühe geben, es aufzuheitern. Lebensfreude und Glück sollten einziehen. Oder wie es in einem Gedicht von Adelbert von Chamisso heißt, dem Namenspaten unserer Straße:»Das Glück ist Liebe.«

Ich nahm den Umbau in Angriff, und der Architekt meiner Wahl war Helmut Hentrich. Er hatte sich mit mutigen Hochhäusern einen Namen gemacht, allesamt im sogenannten Internationalen Stil, dem Dreischeibenhaus in Düsseldorf oder dem BAT-Hochhaus in Hamburg. Nun musste er seine Kunst an einem flachen Haus beweisen.

Hentrich machte sich an die Arbeit, und das Ergebnis war – ja, wie soll ich sagen? – interessant. Ein sonderbarer Prototyp einer undefinierbaren Architektur. Die Fassade mit ihrem weiß verputzten Backstein, ein bisschen Bauhaus, ein bisschen Bungalow. Extrem niedrige Decken, sehr viele Fensterfronten. Eine Herausforderung für die Inneneinrichtung.

Da kam mir Valerian Stux-Rybar in den Sinn. Ich hatte ihn in dem besagten Agnelli-Sommer kennengelernt, bei amerikanischen Freunden in ihrem Palazzo in Saint-Jean-Cap-Ferrat. Ein Ästhet, der nur Maßanzüge des Mailänder Schneiders Caraceni trug und fließend fünf Sprachen beherrschte. Er war ungarischjugoslawischer Herkunft und 1945 zusammen mit seinen Eltern in den Westen geflohen. Die Familie lebte eine Weile in Venedig; seine Mutter verkaufte Familienschmuck; sein Vater stürzte bei einem Herzinfarkt in den Canal Grande. In New York wurde Valerian erst Schaufensterdekorateur, dann machte er Karriere als Interior Designer. Und wie! Die Hautevolee war ihm geradezu verfallen, sie liebte seinen erlesenen Geschmack, seinen

Esprit und seinen luxuriösen Stil. Außerdem galt er als der teuerste Innendesigner der Welt. Zu seinen Kunden gehörten die Rothschilds, Sir James Goldsmith, Stavros Niarchos, Christina Onassis, um nur ein paar herauszugreifen. Ich bat ihn also, mir bei der Innenausstattung zur Seite zu stehen.

Wir fuhren gemeinsam nach Paris, um einzukaufen. Was gab es Schöneres, als mit Valerian Stux-Rybar auf Shoppingtour zu gehen?

In diesem Zusammenhang eine Anekdote: Ich wohnte im Hotel Lancaster, Rue de Berri, eine Seitenstraße der Champs-Élysées, wo oft Regisseure und Schauspieler, auch Marlene Dietrich, abstiegen. Wenn die Dame an der Telefonzentrale den Gast nicht fand, rief sie im Zimmer des Freundes oder der Freundin an. Man verständigte den Portier durch Zuruf im Treppenhaus, wo man zu finden sei. Daraus ergaben sich manchmal filmreife Situationen. Eines Abends standen in meinem Hotelzimmer hundert rote Rosen. Absender: der amerikanische Regisseur William Wyler, den ich zufällig kennengelernt hatte. Er war fest davon überzeugt, dass ich Karriere beim Film machen könnte, und wollte mich überreden, mit ihm nach Hollywood zu Probeaufnahmen zu fliegen. Eine verlockende Vorstellung: HOLLYWOOD! Aber ich wollte nicht abhauen und meine Familie im Stich lassen.

Die Freundschaft mit Valerian hielt ein Leben lang. Wenn ich ihn in New York besuchte, zogen wir uns erst einmal wild an, Bomberjacken und Lederhosen, und dann ging's zu Bloomingdale's, später zum Lunch in die Polo Bar im Westbury Hotel.

Bei einem Dinner, das Valerian in seinem Apartment gab, saß ich einmal zwischen John Richardson, dem unvergesslichen Autor der ultimativen Picasso-Biografie, und zu meiner Linken der legendäre Schriftsteller Gore Vidal. Er war als Drehbuchautor von *Ben Hur* bekannt und erfolgreich mit Romanen, in denen er die amerikanische Geschichte behandelte.

Und erst die gemeinsamen Reisen mit Valerian! Nach Mexiko, zum Beispiel, auf Einladung des Expräsidenten Miguel Aleman. Wir flogen nach Oaxaca, Valerian, sein Lebensgefährte Jean-François Daigre, eine Freundin und ich, und dort bestiegen wir den mystischen Monte Alban. Ich zog zum ersten Mal an der Marihuana-Zigarette von Valerian und erwartete, mit Schreibblock und Bleistift ausgerüstet, wie die Surrealisten ungewöhnliche Gedanken und Einfälle. Nichts passierte. Bei sinkender Sonne lachten wir und fühlten uns *on top of the world*.

Dann weiter nach Rio, zur Copacabana. Es war eine Augenweide, den jungen Leuten beim Schwimmen, Surfen, Tanzen und Picknicken zuzuschauen.

Valerian meinte:»Wenn man sich am Strand im Badeanzug behauptet, hat man gewonnen. Wird man angesprochen, gilt das nur der Person. Und das ist doch das höchste Kompliment.«

Sein letztes Domizil in Manhattan war 16 Sutton Place, ein Mausoleum. Darin eine Höhle, das Schlafzimmer, mit einem gewaltigen Spiegel an der Decke. Unter den verschlossenen Fenstern befand sich ein eisenbeschlagener antiker Kasten voller Gerätschaften für Sadomaso-Praktiken. Ich wohnte im Gästezimmer. Nur Samstagabend nicht, da wich ich zu Freunden aus, wenn der jeweilige Gespiele eintraf. Valerian bot mir an, doch einmal zuzuschauen, aber um Himmels willen, das Peitschenritual mit einem an Seilen hängenden jungen Mann wollte ich nun wirklich nicht sehen. Das Ritual dauerte die ganze Nacht, und gegen fünf Uhr morgens wurde in der Küche ein leichtes Essen eingenommen. Valerian behauptete, die körperliche Ertüchtigung sei gut für sein Herz, wie Jogging.

Unser Haus an der Chamissostraße 9, oder die»Chami 9«, wie wir sie nannten, verdankte Valerian viel. Ebenso natürlich

Helmut Hentrich, dem Architekten, der ebenfalls ein enger Freund wurde.

Hentrich hatte eine große Affinität zur Natur. Die natürliche Umgebung war immer Teil seiner Architektur. Das Haus baute er so um, dass Wohntrakt und Garten dank einer breiten, ausladenden Glasfront förmlich ineinander übergingen. Hentrich liebte Glas, und seine Glassammlung hatte Weltruhm. Warum ein Baumeister, der mit harten Werkstoffen umging, sich dem fragilsten aller Materialien, dem Glas, zuwandte, erklärte er in seinen Memoiren: »Dieses wunderbare durchsichtige Material hatte schon in meiner frühen Jugend etwas Geheimnisvolles für mich. Dass eine feste berührbare Masse durchsichtig sein konnte, war wie ein Wunder.«

Konrad schätzte meinen Geschmack, den Stil, in dem ich das Haus einrichtete. Er unterstützte auch meinen Drang zur bildenden Kunst. Zu der Zeit erwarben wir unsere ersten Kunstwerke, Arbeiten des Bildhauers Norbert Kricke, Lithografien von Pablo Picasso und Ernst Ludwig Kirchner, Aquarelle von Emil Nolde, Gemälde von Massimo Campigli und Domenico Gnoli.

Mit der Gestaltung des Gartens beauftragten wir den Landschaftsarchitekten Roland Weber. Er hat mit fürstlichen Handbewegungen bestimmt, wo die Bäume gesetzt werden sollten. Unser Garten war nach englischem Muster angelegt, keine Symmetrie, keine Hecken, keine Irrgärten. Birken, japanische Büsche und Hortensien säumten die Rasenflächen.

Weiß blühende Rosenstöcke sorgen bis heute dafür, dass vor dem Bild von Konrad, das auf meinem Schreibtisch steht, immer eine frische Blüte liegt. Ich liebe das Bild. Es zeigt Konrad beim Kartenspielen, er war ja ein begeisterter Skatspieler. Sein Blick ist auf das Blatt in seiner Hand gerichtet, mit der anderen Hand rauft er sich die Haare. Der Gesichtsausdruck: skeptisch. Ich habe das Foto irgendwann in den Siebzigerjahren gemacht, auf dem Lehenhof, unserem Landsitz bei Kufstein, wo er gern mit den Jägern spielte. Er trägt einen blauen Pullover. Die Farbe stand ihm immer gut, sie passte zu seinen schönen blauen Augen.

Meine erste Begegnung mit Konrad war lustig: Er hatte sich als Trapper verkleidet. Er liebte den Karneval, und es bereitete ihm Spaß, sich zu verkleiden. Ich war nicht kostümiert, trug einen schwarzen Petticoat und eine weiße Bluse. Das Karnevalsfest artete ziemlich aus; jedenfalls habe ich irgendwann auf dem Tisch getanzt. Daraufhin meinte Konrad zu seinem Freund Walter Kobold, genannt »Wibbel«: »Schau dir die mal genauer an!« Das war keine gute Idee, denn Wibbel fing an, für mich zu schwärmen, und Konrad beäugte das zunehmend kritisch.

Ich war damals eine junge Journalistin in Bonn, das jüngste Mitglied der Bundespressekonferenz und schrieb meine ersten Artikel für das Bonner Büro von *Newsweek*. Es war noch nicht lange her, dass ich in London mit dem Journalismus begonnen hatte, beim *Observer*. Wie es mich nach London verschlug, erzähle ich später mal, aber wie meine Zeit in London abrupt endete, das ging so: Ich hatte mich in einen jungen Mann namens Oscar verliebt, und das behagte meinem Vater gar nicht – also kommandierte er mich zurück nach Deutschland. Ich war noch nicht volljährig.

Die Besuche von Konrad in Bonn häuften sich. Er war seit vier Jahren geschieden und offenbar bereit, wieder anzubandeln. Aus Düsseldorf kam er regelmäßig in seinem schönen Mercedes 300 angefahren. Ich zeigte ihm den Bundestag, die Pressebaracke und was es alles so zu sehen gab in Bonn. Eines Abends brachte er mich nach Hause, und zum Abschied sagte er: »Ich rufe dich an, wenn ich wieder in Düsseldorf bin.« Das Wetter verzögerte das Einhalten seines Versprechens: dichtes Schneetreiben, glatte Straßen. So war ich, als er anrief, schon schlaftrunken, nahm den Hörer nur kurz ab, ließ ihn fallen und schlummerte friedlich weiter. Konrad war in Sorge, mir sei etwas passiert, und fuhr im Schneetreiben nach Bonn zurück. Es klingelte an der Tür. »Ich wollte schauen, ob alles in Ordnung ist«, sagte er. Dann fuhr er durch die Winternacht nach Düsseldorf zurück. Das hat mich umgeworfen. Ich hatte noch nie erlebt, dass ich einem Menschen so wichtig war.

Jede Liebe hat ihr Geheimnis. Konrad überzeugte mich durch sein liebevolles und souveränes Wesen und durch seinen wunderbaren rheinischen Humor. Er wusste mit mir umzugehen, überhaupt kam er gut mit Frauen zurecht und hatte sein Leben lang großen Erfolg bei ihnen. Das bemerkte ich bei Gesellschaften. Seine Weltläufigkeit und sein Witz wurden sehr geschätzt. Er war ein ungewöhnlicher Mann, hochintelligent und eine Mischung aus Bescheidenheit und Selbstbewusstsein. Ich war gern in seiner Nähe.

Es wurde Sommer, und die Ferien standen an. Konrad verbrachte sie in Sankt Moritz mit seiner Familie, spielte Golf und wanderte mit den Kindern. Irgendwann schlug er vor, ich solle doch dazukommen. Also fuhr ich im Postauto ins Engadin. Es war beklemmend; ich war nicht gewohnt, mit einem geschiedenen Mann, seinen Kindern und seiner Exfrau zusammen zu sein. Konrad fand das wichtig.

Bald kannten wir uns fast ein Jahr. Ich war meines *Newsweek*-Jobs ein wenig überdrüssig, reif für den nächsten beruflichen Schritt, und der zeichnete sich auch ab: ein Vorstellungsgespräch beim Ullstein-Verlag in Berlin. Ich war gerade drei Tage in der Stadt, da tauchte überraschend Konrad auf. Er schätzte meine Berlinpläne überhaupt nicht. Wir übernachteten in der Pension Bärbel am Kurfürstendamm. Am Morgen erschien er in meinem Zimmer, setzte sich auf den Bettrand und gab mir einen Kuss auf die Wange. Unser erster Kuss! Ja, so war Konrad: reserviert, zurückhaltend.

Auf dem Heimflug erklärte er knapp, er müsse mit meinem Vater sprechen. Mit meinem Vater? Hatte er vor, um meine Hand anzuhalten? Das wäre mir sehr stürmisch vorgekommen. Ich war mir bewusst, unsere Beziehung war etwas Besonderes. Aber heiraten? Das war nicht mein Plan. Als ich Konrad später mal fragte, warum er *mir* keinen Heiratsantrag gemacht habe, meinte er:»Du hättest doch nicht Ja gesagt, oder ich hätte sehr lange warten müssen.«

Stratege, der er war, erschien er also eines Tages in meinem Elternhaus. Dazu muss man wissen: Monatelang hatte mein Vater bereits getobt; die Beziehung zu diesem»Seifenfritzen« gefiel ihm nicht, noch dazu missfiel ihm, dass er geschieden war, zu alt und evangelisch. Außerdem die bange Frage:»Kann er dich überhaupt ernähren?« Später erfuhr ich, dass auch die Familie Henkel nicht beglückt war von Konrads Wahl: viel zu jung, und dann auch noch katholisch. Dennoch blieb Konrad bei seinem Entschluss.

Mein Vater war eine imposante Erscheinung. Professor Theodor Hünermann, Facharzt für Hals-, Nasen-, Ohrenheilkunde. Seine Aufsätze schrieb er auf Lateinisch oder Griechisch. Er hatte das Auftreten eines preußischen Offiziers. Ihm gegenüber stand nun Konrad, Ende dreißig, geradezu jungenhaft in seinem Charme: der Mann, der ihm seine Tochter wegnehmen wollte. Er hatte eine Aktentasche bei sich, und darin befanden sich: ein wunderbares Armband mit Brillanten und Smaragden, ein Geschenk für mich; sein Anstellungsvertrag als Chemiker bei der Firma Henkel, zur Besänftigung meines Vaters; eine Flasche Champagner, für uns alle.

Mein Vater und Konrad zogen sich zu einem langen Gespräch unter vier Augen zurück. Als sie wieder im Salon auftauchten, war die Stimmung bestens. Der Champagner wurde entkorkt. Verlobung.

Am Vorabend meiner Hochzeit versuchte meine Mutter, mich auf das Bevorstehende einzustimmen, mit blumigen Umschreibungen. Ich beruhigte sie und sagte, ich hätte eine Vorstellung, was mich erwartete. Da waren wir beide erleichtert.

Unsere Hochzeit war klein, in Hösel, auf dem Landsitz der Familie Henkel. Konrads Mutter Gerda richtete die Feier aus. Ein Streichquartett spielte, es gab viele Rosen und wenig Menschen. Am Nachmittag fuhren wir nach Baden-Baden in Brenners Parkhotel. Das war unsere Hochzeitsreise. Konrad gab mir zwanzig Mark für das Casino: *Faites vos jeux!*

Das Spiel des Zufalls, der über Glück und Pech entscheidet, gilt das auch fürs wahre Leben? »Wie das Leben so spielt«, sagt man doch. War es einfach nur Glück, dass ich mitten im Karneval auf den Trapper traf, der der Mann meines Lebens wurde?

Ich bin ein gläubiger Mensch. Ich glaube daran, dass unser Schicksal in Gottes Hand liegt. Auch der Schicksalssommer 1961 lag in Gottes Hand, so unbegreiflich das auch sein mochte. Warum musste Jost so früh sterben? Warum durfte Konrad nicht mehr Chemiker sein, was er mit Leidenschaft war, sondern musste die Bürde der Verantwortung für einen Weltkonzern tragen?

Die Wege des Herrn sind unergründlich.

*

Der besagte Schicksalssommer war ein Einschnitt in unserem Leben, aber nicht nur das, es war ein historischer Sommer, der die Welt veränderte. Am 13. August 1961 geschah das Unvorstellbare: Walter Ulbricht ließ die Mauer errichten, Deutschland war ein geteiltes Land.

Eine Mauer quer durch Berlin? 1400 Kilometer Stacheldraht und Todesstreifen mitten in Deutschland? Wir waren zutiefst schockiert. Amerikanische und russische Panzer standen sich am

Brandenburger Tor gegenüber. Würde es wieder Krieg geben? Den Dritten Weltkrieg? John F. Kennedy kam zu Hilfe und hielt seine berühmte Rede, die in dem Ausruf gipfelte:»Ich bin ein Berliner!« Er sagte:»Alle Menschen, wo immer sie leben mögen, sind Bürger Berlins.« Westberlin. Westdeutschland. Wir lebten nun in einem Land, in dem Bonn plötzlich genau im Zentrum lag. Die Bonner Republik. Heinrich Lübke war Bundespräsident, Konrad Adenauer Bundeskanzler, bald gefolgt von Ludwig Erhard, dem Vater des »Wirtschaftswunders«. Dessen Markenzeichen war die Zigarre, die er ständig und überall schmauchte. Zigarrenqualm und Bratengeruch waberten durch die ersten westdeutschen Jahre, miefig und piefig. So ganz vorbei waren die »Fuffziger« noch nicht. Der Stil der Nierentische triumphierte: pastellfarbene Eisdielen und neue Kirchenbauten. Die Mädchen trugen weite Röcke, karierte Blusen und Ballerinaschuhe. Arrivierte Ehefrauen banden an ihre Handtaschen Seidentücher, vorzugsweise von Hermès, und ihre Betonfrisuren waren gestärkt mit »Drei-Wetter-Taft«-Spray. An den Haustüren klingelten Staubsaugervertreter mit der Offerte:»Kann ich Ihnen meinen kleinen Kobold zeigen?« An den Litfaßsäulen prangten Zigarettenplakate mit dem Versprechen »Genuss ohne Reue« oder mit dem Ratschlag »Wer wird denn gleich in die Luft gehen? Greife lieber zur HB!«.

Fritz Berg, Matratzenfabrikant, Präsident des Bundesverbandes der Deutschen Industrie, lud alljährlich im Januar zum »Bergfest« in das Hotel Excelsior in Köln ein. Die »Spitzen der Wirtschaft« strömten, angeführt von Bundespräsident und Bundeskanzler, in die überheizten Gesellschaftsräume. Die Luft war schwer, die Weine zu warm.

In Düsseldorf im Schloss Jägerhof durfte man die beeindruckende Porzellansammlung von Ernst Schneider, einst Chef von Odol, bewundern. Schriftsteller, Maler oder Philosophen

wurden nicht eingeladen, warum auch? Die großbürgerliche
Gesellschaft wollte unter sich sein.

Das »Wunder von Bern« hatte seine Wirkung entfaltet,
Deutschland fühlte sich wieder stark, ein Volk von Fußball-Welt-
meistern. Da galt die Devise: »Kraft in den Teller, Knorr auf den
Tisch!« Beruhigend auch die Erkenntnis: »Bauknecht weiß, was
Frauen wünschen.« Das Geschirrwaschmittel »Pril«, eine Erfin-
dung von Konrad und seinen Chemikern, wurde ein Riesener-
folg. »Pril entspannt das Wasser« war der Slogan oder, wie Lore
Lorentz im Kom(m)ödchen sang: »Pril entspannt den Nil.«

Hollywoodschaukeln kamen in Mode. *Quick* und *Madame*
waren die Lektüre in den Wartezimmern der Ärzte. *Stern* und
Spiegel lagen selten aus. An den Wänden hingen Arbeiten deutscher Künstler: Grafiken von HAP Grieshaber, Horst Janssen und
Paul Wunderlich, den Königen der Wartezimmer der Republik.
Andy Warhol? Unbekannt. Dabei hatte er in Los Angeles
gerade mit Campbell's Suppendosen für Aufsehen gesorgt. Frank
Stella? Jasper Johns? Alles noch sehr weit weg. Dafür war das Land,
das selig zu »Zwei kleine Italiener« schunkelte, noch nicht aufge-
schlossen. Als Werner Schmalenbach 1964 für 650 000 D-Mark
ein Gemälde von Jackson Pollock erwarb, schüttelte ganz Düsseldorf den Kopf.

In Düsseldorf hatte ich, von Bonn kommend, anfangs nur
wenige Freunde. Künstler kannte ich kaum. Dass Joseph Beuys
regelmäßig zu meinem Vater als Patient kam, wusste ich nicht.
Ich bin sicher, dass mein Vater in dem »Mann mit Hut« nichts
anderes sah als Nebenhöhlen, die mit Lebertran behandelt werden mussten. Ich lernte Beuys kennen, als er in Daniel Spoerris
Galerie Heringsgerippe an einer Wäscheleine befestigte.

Während der Uraufführung des Theaterstückes *Das Brot
der frühen Jahre* im Düsseldorfer Schauspielhaus begegnete
ich Heinrich Böll und seinem Verleger, Joseph Caspar Witsch.

Witsch hatte sich nach dem Krieg mit dem Leipziger Verleger Gustav Kiepenheuer zusammengetan und nach dessen Tod in Köln den neu gegründeten Verlag mit Erfolg etabliert. Sein Starautor: Heinrich Böll. Die beiden pflegten herzlichen Umgang im Kölner Dialekt, Böll als Kölner stärker als Witsch. Auf einmal hatte ich Freunde in der Domstadt. Ich wurde von Böll und seiner Frau Annemarie nach Hause eingeladen.

Witsch verlegte auch Bücher des amerikanischen Humoristen Ludwig Bemelmans, der einen Teil seiner Kindheit in Regensburg gelebt hatte. »Bemi«, wie ihn seine Freunde nannten, hatte mich gebeten, seinen neuen Roman zu übersetzen. Ich machte mich an die Arbeit, gab aber bald auf, weil mich das Thema nicht wirklich interessierte. Dass Bemelmans trotz meiner Absage ein enger Freund wurde, war seinem liebenswürdigen Wesen zu verdanken. Witsch besuchte mich fast täglich und brachte mir jedes Mal ein Buch mit, auch philosophische Werke, beseelt von dem pädagogischen Eros, aus mir einen gebildeten Menschen zu machen.

Als Vorstandsvorsitzender hatte Konrad wenig Zeit, meist saß er abends mit einem Stoß Akten in der Bibliothek – aber trotzdem ließen wir keine Premiere am Düsseldorfer Schauspielhaus aus! Karl-Heinz Stroux, der Generalintendant, besaß wirklich Instinkt für gute Stücke und die richtige Besetzung, und so haben wir dort großartige Inszenierungen und hervorragende Schauspieler gesehen wie beispielsweise Ernst Deutsch, Elisabeth Flickenschildt, Käthe Dorsch, Martin Benrath, Bernhard Minetti, Klaus Maria Brandauer, Gustav Knuth oder Paula Wessely. Stroux holte Ionesco nach Düsseldorf, der ihm mehrere Stücke zur Uraufführung anvertraute. Der rumänische Autor schrieb in Französisch und war mit der kleinsten Frau der Welt verheiratet. Er war mehrfach unser Gast. Jahre später aßen wir zusammen in der Kronenhalle in Zürich. Ionesco erklärte, in meinen Armen sterben zu wollen. Dazu ist es glücklicherweise nicht gekommen.

Eines Tages fanden wir eine Einladung im Briefkasten: Helmut Horten, der Kaufhauskönig, bat zu einem Abend in sein Haus im Leuchtenberger Kirchweg. Das war ein Ereignis, meine Güte: Für die Soiree wurden Tänzerinnen aus dem Lido in Paris eingeflogen, Kilodosen von Kaviar und riesige Silberplatten mit Austern und Hummer gereicht. Ich war verblüfft: Die biederen Sechzigerjahre konnten auf einmal richtig glamourös sein! Gemälde von Expressionisten schmückten die Wände: Emil Nolde, Ernst Ludwig Kirchner, Erich Heckel, Otto Mueller, Max Beckmann. Ich trug mein erstes Couture-Kleid in Cognacfarbe mit Satinbändern. Am nächsten Morgen schickte Horten mir ein Geschmeide, exquisit und leuchtend. Später wurde ein hellgrauer Nerzmantel an der Haustür abgegeben. Was wollte Horten von mir? Ich schenkte den Mantel meiner Mutter.

Horten war einfach sehr großzügig und spontan. Während eines Mittagessens à deux in seinem Haus war ich im Begriff, zu einer Versteigerung im Auktionshaus Lempertz in Köln aufzubrechen. Ein römischer Torso interessierte mich. Horten zögerte das Essen so lange hinaus, bis die Versteigerung angefangen hatte. Dann kam die Überraschung: Am Abend brachte sein Fahrer den Torso – ein Pasticcio aus Carraramarmor, vermutlich Nero – bei mir zu Hause vorbei. Das Stück steht bis heute auf meinem Schreibtisch und erinnert mich an den Mann mit dem goldenen Herzen.

Geschmack kann man kaufen. Und Horten kaufte. Er erwarb ein Anwesen am Wörthersee mit einer großen Jagd, später die erlesen eingerichtete Villa von André Dubonnet an der Spitze von Cap d'Antibes. In beiden Häusern waren wir seine Gäste. Das Haus am Meer wollte er mir schenken. Nein sagen ist schwierig, in diesem Fall unverzeihlich. Es war ein Traumhaus.

Konrad nahm es gelassen, wenn andere Männer mir den Hof machten. Er genoss es sogar. Er empfand es als Bestätigung, dass er die richtige Wahl getroffen hatte.

Wer hat Düsseldorf »das kleine Paris am Rhein« getauft? Ich glaube, es war Napoleons Minister Pierre-Louis Roederer. Jedenfalls: Zu meiner großen Freude begann Düsseldorf zu vibrieren, besonders was die Kunstszene betraf. Die Künstlergruppe Zero war spannend, Alfred Schmela bezog eine Galerie in Oberkassel, die Galerie 22 entfaltete ihre Wirkung, endlich sah man Werke internationaler Künstler, von Cy Twombly zum Beispiel oder von Robert Rauschenberg. Günther Uecker begann mit seinen Nagelbildern, die typisch für ihn wurden. Ich schloss ihn sofort ins Herz. Zusammen mit Gerhard Richter inszenierte er die Demonstration »Museen können bewohnbare Orte sein«.

Joseph Beuys und seine Frau Eva waren häufig zu Gast bei uns. Einmal gab unser Freund Klaus Doldinger ein Konzert in der Chamissostraße: »Jazz goes Barock, Jazz goes Chamisso«. Als Doldingers Techniker anrückten und riesige Boxen im grünen Salon mit der niedrigen Decke aufbauten, war Konrad entgeistert. Doch es wurde ein herrliches Konzert. Die Haustür stand offen, und die Nachbarn konnten mithören. Es wurde ein regelrechtes Straßenfest. Über mangelnde Freunde konnte ich mich bald nicht mehr beklagen.

Die bildende Kunst und das Theater – das waren vor allem die Kreise, in denen Freundschaften entstanden. Mit Pit Fischer zum Beispiel, dem Bühnenbildner und Lebenskünstler. Nein, nicht zum Beispiel, unsere Freundschaft war beispiellos. Es war eine Lebensliebe. Voller Erotik, ja, Zärtlichkeit sowieso, voll tiefen Einverständnisses. Es gibt Paare, die nie »ein Paar« waren, wie es so plump in den bunten Blättern heißt. Wir waren es mit Herz und Seele. Pit war Leiter der Werkstätten des Düsseldorfer Schauspielhauses, ein leidenschaftlicher Theatermensch. Seine

Fantasie, die Leichtigkeit seiner Ideen und Entwürfe – pures Vergnügen. So muss es sein auf der Bühne, das habe ich von Schauspielern, insbesondere von Ernst Deutsch, gelernt: Theaterspielen ist harte Arbeit, soll jedoch spielerisch leicht wirken.

Einen ungewöhnlichen Mann zu lieben bedeutet, auch seine Familie zu lieben. Bei Pit fiel mir das leicht: Er war mit der wundervollen Schauspielerin Nicole Heesters verheiratet. Konrad mochte sie auch sehr, er nannte sie immer »Nicöllchen«. Als sie ihr erstes Kind erwartete, gewährten wir ihr Asyl bei uns zu Hause. Pit besuchte sie jeden Abend. Und als die beiden dann Karriere machten, freuten wir uns mit ihnen. Konrad bemerkte im schönsten Düsseldorfer Platt: »Man muss auch jönne können.«

Der Oper verdankte ich die Freundschaft mit Rolf Liebermann. Sie begann später, begleitete mich aber auch über Jahrzehnte. Liebermann war Intendant der Hamburger Staatsoper. Er war mit einer gemütskranken Frau verheiratet, die in Zürich in einem Haus am See vor sich hin dämmerte. Seine Freundin, eine Sängerin, machte ihm ständig Szenen, weil er sie, ihrer Meinung nach, nicht oft genug beschäftigte. Liebermann lud mich zu allen Premieren in Hamburg ein, besuchte mich auch oft in Düsseldorf. Später übernahm er die Pariser Oper, und die Einladungen setzten sich fort – trotz meiner Weigerung, ihn zu heiraten und ihm seinen Wunsch zu erfüllen, ein Kind mit mir zu zeugen, wobei ihm die Reihenfolge gleichgültig war. Er schien vergessen zu haben, dass ich glücklich mit Konrad verheiratet war und daran nichts ändern wollte.

Meine Besuche in Paris waren jedes Mal eine Wonne. Liebermann erwartete mich an den Tagen einer Premiere an seinem Mittagstisch im Maxim's. Niemals ist es mir gelungen, früher als er zur Stelle zu sein. Als Theatermann war er überpünktlich. Er wurde nur ein einziges Mal zum Telefon gerufen, nämlich als es bei der Neufassung von *Lulu* so aussah, als ob Teresa Stratas »schmeißen« würde. Die Premiere 1979 wurde ein Triumph. Bundeskanzler Helmut Schmidt gab seinem Freund Liebermann die Ehre und vertraute mir an, er finde die Musik grauenvoll.

Nach den Premieren ging Rolf gern mit mir in das Restaurant L'Orangerie auf der Île Saint-Louis. Um die Ecke hatte er eine lichterfüllte Wohnung mit Blick auf die Seine und Notre-Dame. Die Sängerin war ihm nach Paris gefolgt, bekam immer noch keine Rollen. Nach einem Streit schrie sie: »Ich gehe!« Darauf Liebermann: »Die Türen sind sperrangelweit offen.« Liebermanns Assistentin Hélène Vida blieb gleich da und avancierte rasch zur *maîtresse en titre*. Sie wurde von Yves Saint Laurent mit herrlichen Abendroben leihweise ausgestattet. Jahre später hat Rolf sie geheiratet.

Liebermann faszinierte mich von der ersten Begegnung in Hamburg an. Niemand kannte sich in der Musikwelt besser aus als der Schweizer Weltbürger, Großneffe des Malers Max Liebermann. Er war der letzte Theaterfürst vom Range eines Gründgens, Stroux, Barlog oder Everding. Bedeutende Künstler haben für ihn gearbeitet, Chagall, zum Beispiel, entwarf Bühnenbild und Kostüme für die *Zauberflöte*. Ich war dabei, als Rolf und Salvador Dalí das Bühnenbild für *Don Quichotte* besprachen. Wir saßen im Restaurant vom Hotel Meurice, und Dalí sprudelte vor Ideen. Dann rief er: »Ich will aber auch Regie führen!« Liebermann zog sofort sein Notizbuch: »Wie wollen Sie es denn machen? Wann beginnen Sie mit den Proben?« Dalí: »Ich komme nicht zu den Proben, ich führe Regie am Telefon, aber ich will dreißig lebende Schafe auf der Bühne haben.« Liebermann gab das Vorhaben auf.

Eine andere Geschichte, die typisch für Liebermann war: Rolf hatte die Witwe von Arnold Schönberg in Kalifornien aufgesucht, weil er ein Werk des Komponisten uraufführen wollte.

Er verhandelte mit ihr, und als es zum Preis kam, sagte sie:»Die Leihgebühr für die Noten beträgt achtzigtausend Dollar.« Darauf Rolf:»Gertrud, Sie sind wahnsinnig geworden!« Sie begründete die Summe damit, dass Schönberg sich im Exil als Lehrer an einer Mädchenschule habe durchschlagen müssen und seine Kinder gar keine Ahnung hätten, wie bedeutend er eigentlich war. Die achtzigtausend Dollar sollten das den Kindern beweisen. Rolf hat bezahlt.

Ach, es gibt so viele Erinnerungen an den großartigen Freund. Wir trafen uns in Sankt Moritz, wo er als junger Mann Ski lief. Das Geld dafür hatte er in Ascona mit Bridgeturnieren verdient. Oder die Reise nach Venedig, der Besuch am Grab seines verehrten Freundes Igor Strawinsky. Wir wohnten im Cipriani. Als er eines Morgens um zwölf Uhr noch nicht zum Frühstück erschienen war, ging ich in sein Zimmer. Er lag bewusstlos im Bett. Der Concierge rief den Arzt herbei. Diagnose: Durchblutungsstörungen im Gehirn. Der Arzt verordnete sofortige Infusionen, und ich lief derweil besorgt auf der Giudecca umher und betete. Und dann? Zwei Tage später schleppte er sich halb ohnmächtig zum Taxiboot, zurück zur Arbeit, zurück auf den Regiestuhl, und kaum angekommen, ging es ihm bestens. Er war wie ein Zirkuspferd, das bei der vertrauten Musik wieder auf Trab kommt.

Jetzt bin ich abgeschweift, aber so ist das, wenn ich mein Leben Revue passieren lasse. Ein interessanter Freund führt zum nächsten.»Bei der Freundschaft fängt es erst an, interessant zu werden. Sich paaren, das können auch Hunde«, hat Hildegard Knef einmal gesagt. Die Geschichte der Freundschaft mit ihr muss ich noch erzählen, dann geht es wieder zurück nach Düsseldorf, an die Chamissostraße.

Hilde lernte ich bei einem Kanzlerfest auf der Terrasse des Palais Schaumburg kennen, als Kurt Georg Kiesinger gerade

Kanzler geworden war. Sie sah umwerfend schön aus mit ihrem blonden Haar, den sechsfach geklebten Wimpern, ihrem Modellkleid von Balmain. Es war einfach toll. Daneben ihr eleganter Ehemann, der Schotte David Cameron. Hilde feierte Triumphe auf ihrer Konzerttournee mit eigenen Chansons. Ella Fitzgerald hat sie einmal »die beste Sängerin ohne Stimme« genannt. Ich kam mir neben der perfekt geschminkten Hilde vor wie eine bleiche Herbstzeitlose. Wie Verschwörer setzten wir uns sofort zusammen. Es war Sympathie auf Anhieb.

»Hildchen« und ich sahen uns so oft wie möglich, in Celerina, wo sie eine Wohnung gemietet hatte, in Österreich auf ihrem Vierkanthof, den ihr Ehemann David Cameron, genannt Tonio, liebevoll zu einem behaglichen Zuhause umgebaut hatte, und bei uns daheim, in Düsseldorf. Hilde war viel krank und litt, was Tonio betraf, unter Verfolgungswahn. Bestimmt hat er sie nie betrogen. Er war ausgelastet mit der Betreuung seiner Frau und der leicht gehbehinderten Tochter Christina, der schreckliche orthopädische Prozeduren zugemutet wurden. Außerdem begleitete er Hilde zu jedem Auftritt. Er hatte einen beruhigenden Einfluss auf sie, doch ihre Paranoia war stärker.

Eines Tages kreuzte sie unvermittelt bei uns auf dem Lehenhof in Kufstein auf; wir glaubten, wir sähen nicht richtig: im Mercedes, ungeschminkt und mit Kopftuch, mit dabei ihre Tochter und eine übergeschnappte Begleitperson. Sie wollte den Mercedes den Abhang hinunterrollen lassen, doch Konrad verhinderte dies und stellte ihren Revolver sicher. Hilde glaubte, einer Morddrohung von Tonio entgehen zu müssen. Die Hysterikerin, die sie begleitete, hatte ihr eine Diät verordnet, die den längst geheilten Brustkrebs aushungern sollte. Hilde aß tagelang nichts, schlimmer: trank keinen Schluck Wasser. Das war lebensgefährlich. Ich konnte sie jedoch nicht davon überzeugen, wie sehr sie dadurch Kreislauf und Nieren schädigte. Alkohol und Tablettensucht hatten die berühmte Knef ruiniert. Niemand konnte ihr helfen. Hilde reiste mit Kind und der grässlichen Therapeutin vom Lehenhof nach Berlin weiter und bezog die Präsidentensuite im Kempinski. Tapfer versuchte sie, ihre Drogensucht zu bekämpfen. Sie erzählte mir, dass sie nachts durch die Zimmer gekrochen sei, um die Pillen zu finden, die sie zuvor aus dem Fenster geworfen hatte. In Berlin begannen ihre Geldsorgen. Sie ließ sich von Cameron scheiden, heiratete Jahre später Paul von Schell. Auf ihre Bitte kam ich zur Hochzeit nach Berlin. Paul, ein herzensguter Kerl, betreute Hilde aufopfernd bis zu ihrem Tod. Am Schluss rauchte sie täglich drei Päckchen Zigaretten. Sie starb während der Filmfestspiele in Berlin an einem Lungenemphysem. Auf dem Kurfürstendamm flatterten schwarze Fahnen, und auf dem Rathaus hing die Fahne auf halbmast. Das nenne ich einen großen Abgang.

Nun aber zurück nach Düsseldorf, wo, wie gesagt, die »Chami 9« zusehends ein gastliches Haus wurde, in dem sich der Salon des Abends mit Persönlichkeiten unterschiedlichster Art füllte. Konrad bewunderte meine Liebe zur Welt der Künste und genoss die Gesellschaft von Eugène Ionesco, Günther Uecker, Ernst und Anna Deutsch, Joseph Beuys, Nicole Heesters. Er hatte zwei Fragen: Wer kommt und neben wem sitze ich? Seine Angewohnheit, um dreiundzwanzig Uhr, wenn der Ehrengast gegangen war, die Fenster aufzureißen und das Licht an- und abzuschalten, war legendär. Man musste diese Minuten einfach ignorieren, und schon ging die Nacht weiter. Meist blieb auch Konrad dann noch eine Weile.

Der Anblick leicht verwüsteter Tische und niederbrennender Kerzen ist für mich der schönste Augenblick eines Abends. Ich erinnere mich an viele späte Stunden, in denen Künstler, Politiker, Publizisten zusammensaßen, tranken, rauchten und spannende Gespräche führten – Menschen, die sich sonst nie begegnet wären. Die Gäste aus Bonn fuhren nach Hause, für die anderen gab es das Frühstückszimmer. Für die besonders Übernächtigten wurde das Frühstück auf einem Teewagen im Zimmer serviert.

Der Salon in der »Chami 9« wurde eine Institution. Konrad lud bald auch Freunde aus Wirtschaft und Finanz zu den Runden ein, Bankiers wie Jürgen Ponto oder Alfred Herrhausen, Industrielle wie Hans Merkle, den Chef von Bosch, Politiker wie Hans-Dietrich Genscher oder Carlo Schmid. Waren mehr als dreißig Gäste geladen, fanden die Abende in unserem Landhaus in Hösel statt; da war Platz für über hundert Personen.

Mit der Zeit kamen immer mehr Persönlichkeiten aus aller Welt dazu, was die Mischung der Gäste nur noch bunter machte. George Weidenfeld, zum Beispiel, bat mich, ein Abendessen für den britischen Premierminister Harold Wilson zu geben. Lord Weidenfeld, der früher Kabinettschef des ersten israelischen Staatspräsidenten Chaim Weizmann war und später Verleger von Nabokovs *Lolita*, war ein gern gesehener Gast. Er wollte unbedingt auch Albert Speer kennenlernen, den ehemaligen Rüstungsminister und Architekten Hitlers, der nach zwanzigjähriger Haft 1966 aus Spandau entlassen worden war. So kam es zu diesem Treffen bei uns zu Hause.

Immer waren es spannende Konstellationen und geistvolle Runden. Tischreden wurden auf Englisch oder Französisch gehalten, manchmal auch auf Griechisch oder Lateinisch, zum Beispiel von Viktor Achter, dem Fabrikanten und Rechtsgelehrten.

Irgendwann fasste ich den Entschluss, die Abende thematisch zu akzentuieren, was die Tischdekoration oder die Raumgestaltung betraf. Unsere Soirees bekamen immer ein visuelles Motto, die Augen sollten sozusagen auch etwas erleben. Die Gäste schätzten dieses Spiel mit der Fantasie. Für einen Abend mit unserem Freund, dem Maler Frank Stella, einem glühenden

Ferrari-Fan, rasten Ferraris auf einer Carrera-Bahn über den Tisch. Als ich den Geburtstag von Henry Kissinger ausrichtete, habe ich die Oper *La Traviata* zum Motto genommen; alles war in Dunkelrot gehalten, in Anspielung auf Henrys Wirken auf der »politische Bühne«. Oder, Jahre später, als Johannes Rau Bundespräsident und Wolfgang Clement sein Nachfolger als Ministerpräsident von Nordrhein-Westfalen wurde, also gewissermaßen ein Reiterwechsel oder Umsatteln stattgefunden hatte, da waren die Räume mit Pferdesätteln und Boxen dekoriert, und draußen auf der Wiese grasten Pferde.

Im Prinzip waren es Bühnenbilder. Oder Installationen. Joseph Beuys meinte einmal, ich solle sie signieren. Im übertragenen Sinne waren sie ja auch signiert. Das festliche Motto, die Gestaltung der Abende, die Mischung der Gäste, all das trug meine Handschrift. Die Amerikaner würden sagen, es war mein *signature style*. Jedenfalls waren die Einladungen ein gesellschaftliches Ereignis, und die »Chami 9«, das darf man getrost sagen, wurde der Salon der Republik.

Kostümfeste haben wir nie ausgerichtet, obwohl Konrad sich gern verkleidete. Mein Verkleidungsdrang ist nicht entwickelt, deshalb kam es nicht dazu. Im Karneval konnte er sich trotzdem ausleben. Am Rosenmontag wurden wir vom Oberbürgermeister immer auf die Tribüne vor dem Rathaus eingeladen, um den »Zoch« zu sehen. Einmal verkleidete Konrad sich als Putzfrau. In Kleid und Schürze und mit einer blonden Perücke begann er, mit Eimer, Schrubber und Aufnehmer im Rathausflur mit Henkel-Produkten den Boden zu wischen. Niemand hat ihn erkannt.

In Düsseldorf lernten wir Herbert von Karajan kennen. Nach einem Konzert mit den Berliner Philharmonikern besuchte er uns zu Hause, zum Souper. Er liebte gutes Essen und vor allem Wein aus Bordeaux. Konrad schickte ihm regelmäßig eine Kiste Château Lafitte oder Château Pétrus. Ob Karajan die Weinkisten je bekommen hat, ist ungewiss. Er hatte zu viele Assistenten und Schmarotzer um sich.

Konrad und ich fuhren auch jeden Sommer zu den Festspielen nach Salzburg. Es war immer dasselbe Ritual: In der Bar vom Goldenen Hirsch stärkten wir uns mit Leberknödelsuppe und Wodka, plauderten mit dem Barmann, Herrn Kurt, der stets das Neuste von den Bühnen wusste.

Unvergesslich sind die zahllosen Konzerte von Karajan mit den Berliner Philharmonikern, auch die Opern, die er selbst inszenierte. Überhaupt begann ja die Inszenierung, bevor die Oper eigentlich losging. Karajans Gattin Eliette, aufgestiegen vom Mannequin des Hauses Dior zum Star des internationalen Jetsets, hielt Einzug in den Zuschauerraum des großen Festspielhauses, im Gefolge eine Reihe berühmter Künstler und Gesellschaftslöwen. Sie schüttelte ihre blonde Mähne und nahm feierlich Platz. Erst dann hob der Maestro seinen Taktstock. Ein perfekter Countdown.

In Sankt Moritz wohnten wir im selben Hotel wie die Karajans, im Palace. Herbert und ich liefen gerne zusammen Ski. Er bewegte sich, wie er dirigierte: schwerelos. Eliette liebte lange Abende und erschien erst mittags ziemlich mitgenommen im Corviglia Club.

Cappy Badrutt, ihre Freundin, auch eine Schönheit, übertraf das noch: Sie begann ihren Tag erst nach fünf Uhr nachmittags. Ich nannte Cappy »Regina Noctis«, Königin der Nacht. Sie und Eliette amüsierten sich prächtig. Gelegentlich verkleideten sich die beiden als Zimmermädchen, tauschten Perücken und gingen schamlos in die Zimmer der Gäste, um Chaos anzurichten. Cappy, die Frau des Hotelbesitzers Andrea Badrutt, besaß einen Passepartout und konnte in jedes Zimmer eindringen.

Bezeichnend war ein Dinner im Grill des Palace auf Einladung von Herbert und Eliette: Wir hatten verabredet, dass niemand während des Essens über sein Lieblingsthema reden sollte, aber es kam, wie es kommen musste: Cappy sprach von ihren mondänen Freunden, Eliette über Mode und der Gastgeber über Musik und über Technik. Er flog seine eigene Maschine, reiste unermüdlich nach Japan, um die Entwicklung des neuen Tonträgers, der CD, zu begleiten. Manchmal war der kleine Christoph in Sankt Moritz dabei. Ich brachte ihn zur Skischule für Kinder, wo es ihn nicht wirklich hinzog: »Ich bin so müde«, hieß es immer. Der sportliche Ehrgeiz und der Spaß packten ihn erst viele Jahre später. Er wurde der Schnellste von allen, stürzte sich die Hänge hinab, als gälte es, sein Leben zu retten.

Heli-Ski gab es im Engadin noch nicht. Jedermann fuhr mit der Bergbahn zur Corviglia hoch, auch der Marchese Emilio Pucci. Ich hatte keine Ahnung, dass er einer tausend Jahre alten Familie aus Florenz entstammte, deren Name für ein berühmtes Modehaus stand. In der Gondel lernte man sich kennen. Fortan rasten wir unverdrossen miteinander die Engadiner Berge hinunter. Emilio, ähnlich wie Karajan, schien auf der Piste zu schweben. Er war ein hervorragender Skiläufer und außerdem eine liebenswürdige, einmalige Person. Blendend aussehend, bezaubernd. Er hat mich wiederholt nach Florenz eingeladen, in seinen Palazzo, aber ich bin, anders als bei Hubert de Givenchy, den ich immer wieder gern auf seinem Landsitz besuchte, seiner Einladung nie gefolgt. Warum, kann ich nicht erklären.

Ich wollte nie Mitglied des Dracula-Clubs werden, des Treffpunkts der High Society in Sankt Moritz. Gunter Sachs hat ihn gegründet. Natürlich habe ich mit Gunter geflirtet, aber der Sinn der Übung war nicht das Bett, sondern etwas anderes: Er beabsichtigte, in München ein Museum für zeitgenössische Kunst zu bauen, und das interessierte mich. Wir gründeten den Verein »Modern Art Museum München (MAM)«. Gunter hatte einen sicheren Blick und exzellenten Geschmack. Er besaß eine brillante Sammlung zeitgenössischer Kunst, die er erstmalig in der Münchner Stuckvilla ausstellte. Inzwischen war er mit Brigitte Bardot verheiratet, und ihre Anwesenheit bei der Eröffnung sorgte natürlich für gewaltigen Rummel. Die ausgestellte Kunst war plötzlich zweitrangig, obwohl Frühwerke von Andy Warhol und andere Schätze zu sehen waren.

Jeden Monat stellte das MAM einen neuen Künstler vor, manchmal auch mehrere aus ein und derselben Schule. Einmal präsentierte ich Werke des Zeichners Heinz Edelmann. Thema: *Yellow Submarine*, der Beatles-Film, bei dessen Produktion er Art Director war. Ein anderes Mal vernebelte Gotthard Graubner die Galerieräume – eine Hommage an Caspar David Friedrich. Gunter, ein unruhiger Mensch, verlor jedoch bald das Interesse an unserem Münchner Projekt.

Inzwischen war meine Schwester Hete nach Düsseldorf gezogen. Sie wollte endlich ihren Traum verwirklichen, Galeristin zu werden. Daniel Spoerri bot ihr die Gelegenheit, erste Erfahrungen zu machen, und als die Galerie schloss, machte sie bei Hans Mayer weiter.

Dank Hete entdeckten wir Sardinien. Sie war bezaubert von der Insel; besonders schwärmte sie von Porto Rafael, wo es ihr so gut gefiel, dass sie kurz davor war, dort eine Espresso-Bar zu eröffnen. Wir beschlossen, den nächsten Sommer dort zu verbringen.

Als wir im Juli mit der Alisarda auf der Sandpiste bei Olbia landeten, dachte ich: Um Himmels willen, was sollen wir hier? Der Flughafen hatte ein schäbiges Wellblechdach, die Landschaft: karg, kein Baum, nur rote Erde. Magere Kühe weideten auf dürren Wiesen. Eine staubige Landstraße zog sich in endlosen Kurven über die Hügel. Sardinien, *the windy island*, einst von Phöniziern besiedelt, war zwar Teil des römischen Weltreichs, war diesem kulturell aber nie eng verbunden, anders als Capri, wo Kaiser Tiberius einen prächtigen Herrscherpalast errichtete, oder Ischia, das persönliche Besitztum von Kaiser Augustus. Sardinien war und blieb eine armselige Insel, wo Bauern ihre steinigen Felder bestellten, Wein anbauten oder in den Wäldern aus kleinwüchsigen Korkeichen Stopfen für Weinflaschen bohrten. Aber dann kamen wir nach Porto Rafael! Was für ein herrlicher Anblick, die schmucken, weißen Häuser, die sich wie ein Nest an die Hügel über der smaragdgrünen Bucht schmiegten. Fast unwirklich, wie eine Kulisse, wie ein Fantasiegebilde. Und in der Tat, das war es ja auch.

Anfang der Sechzigerjahre hatten Wind und Schicksal den spanischen Granden Rafael Neville nach Sardinien getrieben, nach Punta Sardegna, nahe der Insel La Maddalena. Rafael, ein kleiner rundlicher Graf aus Andalusien, verliebte sich in die idyllische Bucht. Mit der Hilfe englischer Geldgeber baute er ein Dorf, klein aber fein, mit allem, was dazugehörte, einer Kirche, einer Piazza, kleinen Boutiquen rundherum und im Zentrum die Bar, am Ufer der Yachthafen.

Porto Rafael, so der Gedanke des Gründers, sollte ein Ort zum Träumen sein, ein Refugium für Träumer. Die Inschrift an Rafaels Haus fasste die Idee in Worte: »Sognare è vivere«. Träumen bedeutet leben.

Wir verbrachten einen traumhaften Sommer dort – und es sollten weitere dreißig Sommer folgen.

Es gab kein Haus, das groß genug war für uns alle, also mieteten wir zwei Häuser. Konrad und seine Töchter wohnten in dem größeren, Christoph und ich in dem kleineren, einer Hütte, auf der anderen Seite der Bucht. Am Morgen verständigten wir uns mit Tüchern.

Mittelpunkt des gesellschaftlichen Lebens war Rafael. Er liebte den spanischen Rhythmus, schlief bis zwölf Uhr mittags, vergnügte sich dann auf seinem Boot und gesellte sich am späten Nachmittag im Dorf zu uns zum *pranzo*. Das Mittagessen später wurde von Mario zubereitet, einem neapolitanischen Baron, der die beste Pasta kochen konnte. Jeder steckte ein paar Hundert Lire in eine Büchse. Das Abendessen begann nie vor elf Uhr nachts.

Rafael war – wie so viele Entdecker und Pioniere – arm. Porto Rafael, sein Traum, machte die Geldgeber reich, die in das Projekt investiert hatten, nicht ihn. Er selbst lebte vom Verkauf naiver Gemälde und Souvenirs, Veduten aus Keramiksteinchen. Er war ein Lebenskünstler. Seine Homosexualität verbarg er galant unter begnadeter Heiterkeit. Peter Townend, sein Freund, war ein charmanter Bonvivant, der in Cambridge studiert hatte, aber das südliche Leben in bunten Pareos vorzog.

Das war der Sommer, in dem ich meine Freundin Inge Feltrinelli zu uns einlud, spontan, mit einer Postkarte. Sie antwortete per Telegramm: »J'arrive.« Ihre Garderobe: immer leuchtende Farben oder, wie mein Freund, der Architekt Matteo Thun, poetisch zu sagen pflegte:»Ingelein immer topless.« Inge strahlte die Sonne des Südens aus. Sie wurde bewundert und umschwärmt. Als junge Fotografin aus Göttingen hatte sie in Hamburg den Verleger Ledig-Rowohlt kennengelernt, »den süßen Ledig«. Er hat vermutlich ihre Reise nach Kuba finanziert, wo sie 1953 ein Foto schoss, das sie schlagartig berühmt machte: Hemingway, wie er leibt und lebt, mit einem riesigen Fisch in der Hand. Das Bild ging um die Welt. Inge hat die großen Ikonen unserer Zeit fotografiert, von Greta Garbo bis John F. Kennedy, von Pablo Picasso bis Fidel Castro. Bei Ledig-Rowohlt war sie, damals noch Inge Schönthal, dem berühmten Verleger und radikalen Marxisten Giangiacomo Feltrinelli begegnet, ihrem späteren Ehemann, Spross einer der reichsten Familien Italiens, befreundet mit Fidel Castro und Che Guevara.

Inge kam allein nach Porto Rafael; sie lebte inzwischen getrennt von Giangiacomo, dem kurz darauf ein tragischer Tod beschieden sein sollte: Er hatte eine Extremistengruppe gegründet, war in den Untergrund abgetaucht, und als er 1972 in der Nähe von Mailand einen Hochspannungsmast sprengen wollte, kam er ums Leben.

Höhepunkt des Sommers in Porto Rafael war jeweils Ende August, wenn Rafaels Geburtstag gefeiert wurde: ein rauschendes Fest. Die Tische bogen sich unter all den köstlichen Gerichten, die Rafael zubereitet hatte. Wein floss in Strömen, bis tief in die Nacht. Gäste fanden sich in fremden Betten wieder, Betrunkene wurden von den Carabinieri, die mitzechten, für eine Nacht ins Gefängnis von Tempio gesteckt.

Und dann schlug der Blitz ein, nicht infolge eines Gewitters, sondern erotisch: Inge warf ein Auge auf Peter Townend, den Freund von Rafael. Die beiden verliebten sich, es war ein *coup de foudre*. Rafael war natürlich untröstlich. Peter folgte Inge nach Mailand, wo sie ihn als Statist bei Giorgio Strehler im Piccolo Teatro unterbrachte. Sie kommentierte das Jahre später lakonisch: »Er tanzte nur einen Sommer.«

Wir dagegen tanzten, wie gesagt, dreißig Sommer auf Sardinien, und im Laufe der Jahre mieteten wir acht verschiedene Häuser, darunter die Villa Bettina in Liscia di Vacca, ein kleines ovales Haus mit Strandhütte. Man ging durch Weingärten, Schilf und duftende Myrthe, vorbei an violetten Kugelblüten wilder Knoblauchsträucher. Das Haus war mit Bougainvillea bewachsen. Als ich Konrad einmal bat, die vertrockneten Blüten zu schneiden, während ich das Picknick vorbereitete, kam er nach einer Viertelstunde und fragte: »Wie lange soll ich diese Sklavenarbeit noch verrichten?« Man stelle sich das bitte vor: Der Chef der Firma Henkel, der die Marke inzwischen zu einem Konzern ausgebaut hatte, dessen Produkte in aller Welt reißenden Absatz fanden, stand vor seinem Ferienhaus, erschöpft von der Arbeit mit der Heckenschere.

Wir entdeckten das Meer. Der Reiz von Sardinien lag natürlich vor allem in dem wundervollen, smaragdgrünen Meer und den vielen kleinen Inseln mit ihren verträumten Buchten, die nur mit dem Boot erreichbar waren. Deshalb dauerte es nicht lange, bis wir beide unseren Bootsführerschein machten, eine Lizenz für Boote bis zu vierzehn Metern Länge. Die Unterrichtsstunden absolvierten wir auf dem Baldeneysee, südlich von Essen, bei einem Herrn Hundgeburt. Bald stießen wir auf Sardinien in See, und da galt: Lebensfreude, ahoi! Der Wind bestimmte das Ziel. Die Insel Spargi, die Insel La Maddalena, in der Ferne Korsika. Wir entdeckten einsame, verwunschene Buchten; anfänglich machten wir hier und da auch Bekanntschaft mit Felsen, die nur wenige Zentimeter aus dem Wasser ragten. Auf den Wasserwegen der Costa Smeralda kannte ich mich bald besser aus als auf der Autobahn Düsseldorf–Bonn. Unser erstes Boot war ein »Riva«, sehr elegant, später folgte ein »Coronett«, sehr seetüchtig, aber hässlich, schließlich ein »Sunseeker«. Wir nannten das Boot »Butze III«. Konrad liebte die Illusion, er hätte ein großes Schiff, das mitten im Meer geankert werden müsste. Mich zogen die kleinen Buchten an, die er im Lauf der Jahre auch schätzen lernte, insbesondere die Buchten der Caprera. Ich schwamm ans Ufer, um wilde Kräuter und Kieselsteine aus rosa Granit zu sammeln. Picknick an Bord, im Schatten des Sonnensegels. Musik aus dem Transistorradio, France Musique, der Sender, der die Jazzfestivals von Juan-les-Pins und Montreux übertrug. Und dann wieder hinein ins Wasser, schwimmen, schnorcheln, Wasserski fahren. Um vier Uhr nachmittags rief Konrad regelmäßig aus: »Die Hitze ist gebrochen.«

In die Sommerferien nahm ich jedes Mal meine Schreibmaschine mit. Konrad meinte dazu liebevoll: »Du wirst sicher einen Artikel schreiben.« In der Tat, das war mein Ansinnen. Meist kam es jedoch nicht dazu, die Ablenkungen waren einfach zu verführerisch.

Erst in der Villa Colinetta hatte ich die Muße dafür. Das zauberhafte Haus, oberhalb der Lagune Cala di Volpe gelegen, mieteten wir über viele Sommer hinweg. Ausgerüstet mit Katalogen, berichtete ich für die Wiener *Presse* über Kunst und Ausstellungen. Wenn der Artikel fertig war, brachte Konrad das Manuskript zum Portier des Hotels Cala di Volpe, wo es gleich nach Wien gefaxt wurde. Oder er fuhr zu dem liebenswürdigen Carl Hahn, der als Chef von VW über ein Faxgerät in seinem Ferienhaus verfügte.

Einen Sommer lang war die berühmte »Nautilus« vor Sardinien stationiert, das erste atomgetriebene U-Boot der Welt. So wurde die amerikanische Kriegsmarine zu unserem Urlaubsvergnügen. Wir lernten die zwölf Offiziere der »Nautilus« kennen und luden sie regelmäßig zum Abendessen ein. Es gab riesige Fische, und ich kochte jede Art von Pasta. Die armen Kerle bekamen an Bord nur tiefgefrorene Nahrung, umso begeisterter waren sie bei uns auf der Terrasse.

Eines Tages kam die Gegeneinladung. Eine Schaluppe mit flatternder Fahne holte uns ab. Der Schiffskoch der »Nautilus« hatte »Surf and Turf« zubereitet, Steak mit Hummer, Alkohol wurde nicht gereicht. Ich brachte indische Zigaretten mit. Durch die Offiziersmesse zog ein süßlicher Duft, der verdächtig nach Haschisch roch. Der Kapitän lächelte und nahm es uns nicht übel.

Sommer auf Sardinien. Der Abschied fiel immer schwer, dafür begann schon bald wieder die Vorfreude. Waren die Ferien in Sicht, bat Konrad mich, vorauszufahren, »um alles schön zu machen.« Im Gepäck hatte ich immer Thermoskannen für das Picknick auf unserem Boot, Steaks und Leberwurst für unsere Freunde.

*

Verreisen hat mir immer schon großes Vergnügen bereitet. Bei den kurzen Ausflügen in meiner Kindheit stiegen wir in Düsseldorf in den Zug, ausgerüstet mit Butterbrötchen, verpackt in Pergamentpapier, auf dem in der Sütterlinschrift unserer Mutter stand: »Guten Appetit«. Der Zug nach Köln hatte Benrath noch nicht erreicht, da war der Proviant bereits verzehrt. Die Sitzpolster waren mit mausgrauem Ripssamt bezogen. Gemütlich schuckelte der Zug durch die Landschaft, machte ausgiebig halt an den Bahnhöfen, damit man Zeit hatte, sich »die Füße zu vertreten«.

Die Flughäfen hatten einen Hauch von Lässigkeit. Man schlenderte einfach mit einem von Hand ausgefüllten Ticket über das Rollfeld, es gab keine »Security«, noch nicht einmal Gepäckkontrolle.

Heute stauen sich Menschenmassen in der stickigen Tunnelbrücke zum »Flieger«, Jungmanager drängeln sich hastig vor, pressen ihre Aktenkoffer in das vollgestopfte Gepäckfach, und dann werden allseits eilig die Laptops aufgeklappt.

Wie entspannt hingegen war Fliegen früher. Der Flug nach New York dauerte noch sechzehn Stunden, mit Zwischenlandung in Shannon. Im Flugzeug gab es Schlafnetze, in denen man ein Nickerchen machen konnte. An der Bordbar wurde viel getrunken und geraucht. Stewardess war ein Traumberuf für junge, erlebnishungrige Mädchen, die gelegentlich hold wie eine Schönheitskönigin auf der Armlehne eines Passagiers Platz nahmen, nachdem sie ihm einen Dry Martini serviert hatten.

Die Atmosphäre an Bord war unverkrampft. Ich erinnere mich, wie ich auf einem Flug über den Atlantik die Zeitungen, die ich gelesen hatte, gedankenlos auf die Sitzreihe hinter mir warf, bis ich entsetzt bemerken musste, dass dort ein Passagier saß, dem sie an den Kopf oder ins Essen geflogen waren. Ich entschuldigte mich, und er lächelte charmant zurück: »No problem.«

Koffer packen, ins Flugzeug steigen, an Orten landen, die neu für mich waren, oder Freunde in aller Welt besuchen – welch eine Freude! Leider wurden gemeinsame Reisen mit Konrad immer seltener, seit er Konzernchef geworden war. Er saß in Düsseldorf fest, dort wurde er gebraucht.

Wenn ich mich wieder einmal allein auf Reisen begab, verbot er mir, Blumen ins Haus zu stellen. »Es soll nicht so schön sein, wenn du nicht da bist«, sagte er.

Moritz Hochschild, mein ältester Freund, lud mich häufig nach Paris oder New York ein. Wenn ich sage »ältester Freund«, dann meine ich, er war der älteste Mann in meinem Freundeskreis, weit über achtzig. »Don Mauricio«, wie er in Südamerika genannt wurde, besaß die größten Zinn- und Kupferminen in Bolivien, sein Reich erstreckte sich von Peru im Norden bis Chile im Süden.

In New York verfügte er über ein weiträumiges Apartment auf der Park Avenue, wo ich einziehen durfte, wenn er nicht da war. Ich schlief in einem Barockbett mit Baldachin und schaute auf Gemälde von Goya, Werke aus seiner heiteren, spanischen Phase, wohlgemerkt.

In Paris bewohnte er eine riesige Suite im Hotel Meurice, die ebenfalls bis zur Decke mit kostbaren Gemälden gefüllt war. Mauricio holte mich jeweils persönlich vom Flughafen ab, dann fuhren wir gleich in irgendein Dreisternerestaurant. Ein einsamer Mann mit einem großen Herzen. Seine Frau war schon lange verstorben, sein Sohn missraten. Er beschenkte mich mit Konfekt und Hermès-Handtaschen, mehr anzunehmen, dachte er sich, wäre für eine Dame nicht schicklich. Dabei hätte ich mich durchaus gerne mit der Ölskizze von Rubens überraschen lassen, die bei ihm im Flur hing.

Paris – ich entdeckte den Louvre, einst Palast der französischen Könige, und war von der Macht der Kunst so überwältigt, dass ich mich bis heute erinnere, wie ich bestimmte Werke zum ersten Mal sah. Der Salon Carré mit Leonardo, Tizian und Veronese. Der Treppenaufgang mit der Skulptur der stürmischen Nike von Samothrake. Das Porträt der Gabrielle d'Estrées und der Duchesse de Villar, ein Gemälde aus der Schule von Fontainebleau, entstanden um 1594, Meister unbekannt.

Ich sah die aktuellen Fürsten des kulturellen Lebens ganz normal im Café de Flore sitzen, Jean-Paul Sartre und Simone de Beauvoir. Schon Picasso, Giacometti und Cocteau hatten das Café zu ihrem Wohnzimmer erklärt.

Die französische Sprache erlernte ich in Paris *dans les couloirs*, wie es so schön hieß, auf der Straße, beim alltäglichen Wortwechsel.

Don Mauricio war kein Mann, der sich längere Zeit am selben Ort aufhielt, trotz seines hohen Alters. Er bat mich, ihn in die Karibik zu begleiten, nach Nassau auf den Bahamas, wo er auch eine Wohnung besaß. Nassau gefiel mir gut, ein charmantes Kolonialstädtchen, in dem die Polizisten weiße Tropenuniformen trugen und violette Jacaranda-Bäume die Hauptstraße säumten.

Dort traf ich auch Ludwig Bemelmans wieder. Der Zeichner und Illustrator, der in New York eine Weltkarriere gemacht hatte, war schon gesundheitlich angeschlagen. Es sollte trotzdem noch dazu kommen, dass er mich bei anderer Gelegenheit mit dem jungen Senator John F. Kennedy und dessen schöner Frau Jackie bekannt machte. Wir aßen zu Abend in New York, im Côte Basque, zusammen mit Onassis.

Das hatte ich gemeint, als ich sagte: Reisen hat mir immer Spaß bereitet, auch weil es neue, interessante Menschen in mein Leben brachte. Und neue Orte auf die Landkarte meines Herzens setzte.

Rom, zum Beispiel, eine wundervolle Stadt, in die ich mich auf Anhieb verliebte. Natürlich, wie hätte es anders sein können? Ich hatte den besten Stadtführer, den man sich denken konnte: Reinhard Raffalt. Der hochgebildete Kunsthistoriker und Musikwissenschaftler war als junger Mann nach Rom gezogen, die Ewige Stadt wurde sein Lebensthema, und sein größter Wunsch war, in den Armen seines Lieblingswirts Angelino zu sterben und im Campo Santo Teutonico, im Schatten der Peterskirche, beigesetzt zu werden.

Reinhard Raffalt hat herrliche Bücher geschrieben, *Concerto Romano* und *Sinfonia Vaticana* wurden Bestseller, die viele Rombesucher auf ihren Wegen durch die Stadt begleiteten. Für den Bayerischen Rundfunk drehte er unzählige Filme über die römische Geschichte. Trotzdem pflegte er zu sagen: »Ich kenne Rom noch nicht, ich bin ja erst dreißig Jahre hier.«

Ich lernte Raffalt kennen, bevor ich zum ersten Mal nach Rom kam und das Glück hatte, die Stadt durch seine Augen zu erfassen. Wir begegneten uns in Bonn, als er einen Vortrag in der Villa der Parlamentarischen Gesellschaft hielt. Ich war überrascht, dass er mitnichten der zartbesaitete, weißhaarige Herr war, den ich bei der Lektüre seiner Bücher vor Augen hatte. Vor mir stand ein großer Mann mit dunklem Haar und einer bayerisch getönten Stimme. Hätte er gesungen, dann vermutlich Bariton. Unsere Begegnung war flüchtig, nichtsdestotrotz schien er mich danach zu vermissen, jedenfalls bekam ich eine Postkarte mit den Worten: »Ich bin unglücklich wie ein Stein.« Bis dato wusste ich gar nicht, dass Steine unglücklich sein könnten.

Als er wieder zu Hause war, folgte ein Telegramm: »Wann darf ich Sie in Rom erwarten?«

Ich nahm die Einladung an, und so begann meine Beziehung zu der Stadt, in der die ruhmreiche Antike auf Schritt und Tritt spürbar war. Raffalt wohnte im herrschaftlichen Palazzo del Grillo, unweit des Kolosseums. Sein Nachbar war der Komponist Hans Werner Henze.

Rom erschloss sich mir auf Anhieb dank der packenden historischen Erläuterungen meines Begleiters. Raffalt führte mich zu den klassischen Sehenswürdigkeiten, aber auch in kleine verwinkelte Gassen, wo es Spuren der Geschichte zu entdecken gab, die nur er zu kennen schien.

Wir fuhren nach Ostia Antica, in dessen Nähe der Tiber ins Tyrrhenische Meer mündet. Oder in die Sabiner Berge, wo Raffalt ein verfallenes Anwesen kaufen wollte, ein Plan, der ein Traum blieb. Herrlich waren auch die Abende in irgendeiner bescheidenen Trattoria, in der es schon beim Betreten köstlich duftete.

Eine wohltuende italienische Sitte: Ehe man in der Trattoria das Essen bestellte, kamen Brot und Wein auf den Tisch, der Wein in Karaffen, niemals in Flaschen, die wurden unwissenden Ausländern angeboten. Die Speisefolge wurde mit dem Wirt wortreich diskutiert, zunächst die Frage nach dem *piatto del giorno*, nach örtlichen Spezialitäten, nach Empfehlungen des Kochs, dann fand die feierliche Verkündung der Bestellung statt. Raffalt sprach fließend Italienisch und strahlte eine natürliche Herzlichkeit aus. Kein Wunder, dass er so beliebt war.

Mein erster Besuch in Rom war unvergesslich, und es sollten viele weitere folgen. Ich begleitete Raffalt auch nach Venedig und in die Toskana, als er einen Film über Tintoretto drehte. Höhepunkt war Siena, wo wir gebannt das berühmte Pferderennen, den Palio, auf der Piazza del Campo verfolgten. Dem Pferd des Gewinners wurden Spaghetti in einem Wandbrunnen serviert. Wahrscheinlich hätte das erschöpfte Tier lieber Wasser getrunken und Hafer gefressen.

Raffalt besuchte Konrad und mich mehrfach in Düsseldorf; daraus ergaben sich immer sehr anregende Abende. Einmal führte er seinen Film über den Komponisten Orlando di Lasso vor; er hatte ihn in Venedig gedreht, und ich war angereist, um mit ihm meinen Geburtstag zu feiern.

Dieser allwissende Reinhard Raffalt war ein außergewöhnlicher Mensch. Dass er mich liebte, habe ich erst Jahre nach seinem Tod erfahren. Im Nachlass fanden sich nie abgeschickte Liebesbriefe mit zärtlichen Sonetten.

*

Auf meinen Reisen in den Süden machte ich gern bei Gregor von Rezzori und seiner Frau Beatrice Station. Nein, es war nicht nur eine Station, es war eine Ouvertüre, der erste Akt einer Oper. »Donnini« wäre der passende Titel gewesen, denn so hieß der Ort, an dem sich die Rezzoris niedergelassen hatten, ein Dorf in den Hügeln der Toskana, unweit von Florenz. Die Bühne: ein alter Turm inmitten von knorrigen Olivenbäumen, um deren heroische Stämme sich weiße Kletterrosen wanden: elegische Monumente der Natur. Die Weinlaube spendete dem klassischen runden Steintisch Schatten, und dort wehte immer auch ein leichter Wind, der die Eichen und Feigenbäume rauschen ließ. Im Schwimmbad stand grünliches Wasser, aus dem gelegentlich ein Lurch kroch. Der ehemalige Schweinestall war die Schreibstube des Schriftstellers. Poesia in paradiso.

Gregor von Rezzori war ein begnadeter Geschichtenerzähler. Das zeichnete ihn als Autor aus; seine *Maghrebinischen Geschichten* hatten ihn weltberühmt gemacht. Dasselbe galt auch für den Gastgeber Gregor von Rezzori, oder »Grischa«, wie ihn seine Freunde nannten: Er war ein sprudelnder Quell von Anekdoten und Bonmots, ein glänzender Unterhalter.

Die Tage teilten sich, wie im Süden üblich, in zwei Akte: der frühe Vormittag, wenn es noch angenehm kühl war, anschließend Pause, Mezzogiorno, unerträglich heiß, und dann der späte Nachmittag, der in den lauen Abend überging. Ich machte mich morgens ins Dorf auf, Essen einkaufen. Derweil suchte Grischa die passende Garderobe für den Tag aus. In seinem Ankleidezimmer stapelten sich Hunderte Paare von Schuhen, die er selbst putzte. Von den Bediensteten in seinem Elternhaus hatte er sich die Technik abgeschaut. Seine Anzüge und Kaschmirjacken waren maßgeschneidert, alte, aristokratische Tradition. Elegant gekleidet setzte er sich an den Schreibtisch.

Mittags: Treffpunkt Küche. Die schönsten Stunden des Tages verbrachte ich mit Grischa in der Küche. Ich putzte Salat, schälte Zwiebeln oder reinigte Steinpilze. Er unterhielt mich dabei mit Geschichten. Grischa kochte mit Inbrunst. Tomaten, Kartoffeln, Salat und Kräuter holte er aus dem eigenen Gemüsegarten. Er bezeichnete sich selbst als *primo cultivatore*.

Zur Mittagsruhe zog er sich in den kühlsten Raum des Turms zurück, mit seinen fünf Möpsen und dem uralten Schäferhund Romeo. Später nahm er an seinem Schreibtisch Platz und schrieb von Hand seine Texte. Ab und zu tauchte er auf und bat um eine kleine Erfrischung, ein kühles Glas Wodka. Manchmal las er vor, was er geschrieben hatte. Seine Stimme war unnachahmlich: das österreichische Timbre, je nach Bedarf verziert mit italienischem, französischem oder englischem Akzent.

Grischa war ein Mann von Welt. Er entstammte einer adligen sizilianischen Familie, die Mitte des 18. Jahrhunderts nach Wien ausgewandert war. In Siebenbürgen war er aufgewachsen, in Bukarest hatte er zu zeichnen begonnen, in Berlin war er Schriftsteller geworden, in Wien hatte er Kunst studiert. Vor seiner Heirat mit Beatrice Monti della Corte, einer Mailänder Kunstgaleristin, war er in internationalen Kinofilmen aufgetreten, zum Beispiel in *Viva Maria* von Louis Malle, an der Seite von Brigitte Bardot und Jeanne Moreau. Was für ein schillerndes Leben! Das trockene deutsche Feuilleton hat sein Genie nie wirklich gewürdigt, er wurde als Dandy und Lebemann abgetan. In Amerika war das anders. Da rissen sich der *New Yorker* und *Vanity Fair* um seine Artikel.

In Deutschland war es Johannes Willms, der Feuilletonchef der *Süddeutschen Zeitung*, der ihm die Treue hielt. Johannes, ein enger Freund von mir, schickte mich einmal nach Donnini, um Grischa persönlich um eine Kurzgeschichte zu bitten. Das war gewissermaßen Ruhestörung, denn Grischa war in die Arbeit an seinem Buch *Greisengemurmel* versunken. Keine Unterbrechung, bitte. Aber mir schlug er das Ansinnen nicht aus. In seinem Schweinestall entstand eine extrem blutrünstige Gruselgeschichte. Darin ermordet der Erzähler eine verarmte polnisch-russische Dame, zerstückelt sie, füllt die Einzelteile sorgfältig in Plastiksäcke und verteilt sie auf diversen Bänken im Englischen Garten in München.

Er schrieb den Text an einem einzigen Nachmittag. Derweil schien draußen die Sonne, und die Zikaden zirpten fröhlich in der Hecke. In der Dämmerung kam Grischa, wie immer, aus seinem Studio und bat um eine kleine Erfrischung: Wodka. Er genoss die Ablenkung auch, weil er endlich einmal wieder Gelegenheit hatte, Deutsch zu sprechen. Die deutsche Sprache war Grischas Heimat, und er hat sie in seiner Toskanaidylle oft vermisst. Zum Glück war da »Volkerchen«, sein Freund, der Filmregisseur Volker Schlöndorff, der auf dem Nachbargrundstück ein ansehnliches Haus gebaut hatte. Volker liebte Grischa wie einen Vater.

Wir hatten wundervolle Abende zu dritt. Die Neuigkeiten des Tages wurden ausgetauscht: die Niederkunft einer Möpsin etwa, die drei Welpen zur Welt gebracht hatte, von denen zwei starben und der dritte von Grischa mithilfe einer Wärmflasche am Leben gehalten wurde. Die Möpsin lag in einem Karton, der auf einem Stuhl thronte, und die Konstruktion stand wie ein Wochenbett neben Grischas Schreibtisch. Eines Tages biss die Möpsin ihrem Welpen den Kopf ab.

Grischa seufzte und machte sich wieder an die Arbeit. So wie er das Leben generell mit einem sarkastischen Seufzer zur Kenntnis nahm.

Frauen? Sie spielten eine große Rolle in seinem Leben, er blickte auf mehrere Ehen und Amouren zurück, aber ich hatte immer den Eindruck, dass das weibliche Geschlecht für ihn bloß schmückendes Beiwerk war, Quelle der Fantasie, Vorlage für Novellen. Stets waren es die Männer in einer Tafelrunde, an die er das erste Wort richtete, ob nun an sein geliebtes »Volkerchen« oder irgendeinen neapolitanischen Grafen. Die Frauen wurden mit einem galanten Scherz, einem Kompliment bedacht. Er liebte ihre Schönheit, ihre Eleganz, und er beschrieb gern ihre Erscheinung. So richtig ernst nahm er sie nicht.

Apropos Graf. Grischa hatte eine große Schwäche für Adel jeder Art, am liebsten Adel mit geschlossenen Kronen. Ich nahm es ihm nicht übel, wenn er mich stehen ließ, weil eine Durchlaucht auf ihn zuwankte, auf den Festen von Johannes und Gloria von Thurn und Taxis zum Beispiel. Er fühlte sich zu Gräfinnen mehr hingezogen als zu Bauernmädchen, obwohl er deren sinnliche Körperlichkeit von Zeit zu Zeit genoss. In München traf er sich gern mit einer jungen, blonden Vollbusigen, die stets zwei Knöpfe ihrer engen Bluse offen ließ.

Beatrice, seine Frau, war sehr eifersüchtig. Sie zerbrach sich den Kopf, wie sie Grischa von der »Bayerischen Krankheit« heilen könnte. Schließlich hatte sie die Lösung: Sie kaufte eine wunderschöne Wohnung in New York, an der Upper East Side, und dort verbrachte das Paar künftig die Hälfte des Jahres, Herbst und Winter. Grischa wurde Mitglied eines literarischen Clubs, übersetzte Petrarca ins Englische und genoss das gesellschaftliche Leben in der High Society. Der Kunsthändler Leo Castelli und seine Exfrau Ileana Sonnabend wurden seine Freunde, ebenso Diana Vreeland, die Chefredakteurin der amerikanischen *Vogue,* sowie der langjährige Art Director der Zeitschrift, der Russe Alexander Libermann. Manhattan, da hatte Beatrice richtig gewettet, ließ die bayerischen Busen rasch vergessen.

Ich besuchte Grischa in New York, wann immer sich die Gelegenheit dazu bot. Sonntags gingen wir auf den Flohmarkt an der 6th Avenue, und anschließend aßen wir in SoHo im Mezzogiorno. Beatrice protestierte, wenn er sich eine Bloody Mary bestellte, denn da war er schon von seiner Krankheit gezeichnet, aber er ignorierte souverän sowohl den Protest wie auch seine körperliche Schwäche.

Endlich hatte Beatrice ihren Mann für sich allein. Als er bettlägerig wurde, war er ganz auf sie angewiesen. Sein letztes Refugium war sein Bett; er verschanzte sich hinter Büchern, las zwanzig Stunden am Tag ein Buch ums andere, die Werke seiner »Kollegen«, wie er sie nannte, Kollege Goethe, Kollege Montaigne, Kollege Diderot.

Der Schlaganfall traf ihn in Donnini. Grischa wurde ins Krankenhaus gebracht. Er lag, typisch für den *Homme à femmes*, auf der Frauenstation, und wie daheim im »Torre« war sein Zimmer das kühlste, größte. Als ich an sein Bett trat, strahlten seine schönen Augen hell, glücklich. Sprechen konnte er nicht mehr. Gestorben ist er am nächsten Tag, zum Glück zu Hause, mit den Möpsen auf dem Schoß. Seine Asche liegt unter dem großen Baum, auf den wir in glücklichen Stunden so oft geblickt hatten.

Ich vermisse Grischa. Ich vermisse Don Mauricio. Ich vermisse Reinhard Raffalt. Ich vermisse Rolf Liebermann. Ich vermisse sie alle, meine generösen Freunde, die nicht mehr am Leben sind. Sie haben das Leben bis zum letzten Atemzug ausgekostet, und ich schätze mich glücklich, dass sie mich an ihrem Leben teilhaben ließen. Wenn geliebte Freunde sterben, dann ist das so, als würde ein Teil von einem selbst sterben.

*

Liebe ist das größte Geschenk, das uns das Leben machen kann. Ich habe viele Menschen geliebt in meinem Leben, und ich habe viel Liebe genossen. Das Glück ist Liebe.

Meine Ehe mit Konrad war ein unzertrennliches Band, das uns über mehr als vier Jahrzehnte innig vereinte. Meine Liebe zu unserem Sohn Christoph waren Gefühle, die nur eine Mutter empfinden kann, auch wenn ich mir oft Vorwürfe machte: Habe ich mich genügend um Christoph gekümmert? War es ein Fehler, ihn ins Internat zu schicken? Er sträubte sich dagegen, hatte beim Abschied traurige Augen, wir Eltern auch. Wir wollten sein Bestes, aber wer weiß schon, was das Beste ist.

Pit Fischer, mein wundervoller Freund, auch er eine Liebe, die Jahrzehnte überdauert hat, schrieb mir täglich:»Übrig bleiben.« Man bleibt übrig, wenn ein geliebter Mensch nicht mehr da ist. Eines Tages war es so weit.

Friedrich Torberg schrieb mir in einem seiner unzähligen, liebevollen Briefe:»Düsseldorf ohne Dich ist wie Neapel ohne Sterben, wer will das schon?«

Es gibt die erfüllte Liebe, nichts schöner als sie, und es gibt die unerwiderte Liebe. Da fällt mir die hinreißende Gräfin Paola de Rohan-Chabot ein. Eine wunderschöne Frau, die mit ihrem Mann Charles eine kleine Tochter hatte, die Yves Saint-Laurent, Pierre Bergé und ich gern in unseren Armen wiegten. Paola hatte sich in mich verliebt, lud mich in ihre Badewanne ein, um mich zu verführen, und als ich die Einladung ausschlug, weinte sie bitterlich. Charles, auch bisexuell, hatte ebenfalls ein Auge auf mich geworfen. Paola bat mich immer wieder, zu ihr zu ziehen; sie hatte ein kleines *pied-à-terre* in Paris, in der Rue Montalembert. Wie ihre Freundin Françoise Sagan rauchte sie unentwegt, von Hustenanfällen geschüttelt. Schließlich bekam sie Lungenkrebs. Sie rauchte weiter, und als ich sie zum letzten Mal sah, in Klosters, sahen mich ihre schönen, braunen Augen an: »Hilf mir!« Bis zu ihrem Tod pflegten wir einen zärtlichen Briefwechsel. Sie wollte uns in Düsseldorf besuchen, ihre Tochter mit unserem gleichaltrigen Christoph zusammenführen. Der Tod hat immer das letzte Wort.

Es hilft, das Leben zu sehen, wie es ist. Das Herz hat mannigfaltige Gefühle. *Amour fou* – die leidenschaftliche Liebe, wann geschieht sie und wie oft in einem Leben? Erlebt habe ich ihn, diesen *coup de foudre*, der wie ein Gewitter hereinbricht. Man kann sich kaum wehren. Der Verlauf ist wie bei einer Krankheit. Hohes Fieber, lebensbedrohlicher Zustand, aber irgendwann dann doch Heilung. Man denkt an die Familie, kocht das Abendessen und versucht weiterzuleben. Meine Bindung an Konrad war stärker als Eskapaden und Versuchungen. Die wenigen wirklich wichtigen Männer, die durch mein Leben schwebten, habe ich Konrad diskret vorgestellt. Er hat sie akzeptiert, das genügte.

Er liebte mich, und ich liebte ihn. Mit jedem Jahr Ehe wurde unsere Beziehung inniger: Einverständnis, Toleranz, Fürsorge. Für mich war und blieb er der Mensch meines Lebens.

Es ist ein langer Weg vom ersten Kuss im Leben bis zur großen Liebe, die ein Leben lang hält. Er führt durch die Jugend, in der die Zukunft rosarot scheint, bevor die Farben im Erwachsenenalter realistischer werden. An meinen ersten Kuss erinnere ich mich noch genau. Ich bekam ihn früh. Unerwartet im zarten Alter von elf Jahren, von einem jungen Offizier. Wir schaukelten in einem Kahn über den Kaiserteich in Düsseldorf, die Sonne ging unter, da beugte er sich über mich, im Abendrot.

Lang, lang ist's her.

2.

Alles ist Kindheit

Ein kleines Mädchen steht vor seinem Elternhaus an der Reichsstraße 51 in Düsseldorf und sammelt begeistert Bombensplitter. Das war ich.

Der Bombenkrieg, der 1940 über das Rheinland niederging, kam mir zunächst wie ein Schauspiel vor. Ein harmloses Feuerwerk. Wir warfen nachts mit Asbesthandschuhen Stabbrandbomben von unserem Speicher in den Garten. Wir, das waren Walter und Theo, meine Brüder, Hete, meine Schwester, und ich.

Unser Vater meinte:»Die englischen Verwandten werden uns schon nichts antun.« Wir glaubten ihm. Die Bomben der Royal Air Force schlugen rings um unser Haus ein, und anfänglich war am Wochenende sogar Ruhepause. Die Bemerkung meines Vaters war sarkastisch gemeint, aber nicht aus der Luft gegriffen: Seine Mutter war Engländerin. Als junger Mann hatte er einmal, noch vor dem Ersten Weltkrieg, mit zwanzig Goldmark ausgestattet, den Familienzweig in England besucht. Sie waren erfolgreiche Geschäftsleute, Import und Export. Die Firma Hiltermann Brothers in Manchester kaufte Seide und Baumwolle in Indien.

Bei Ausbruch des Ersten Weltkriegs war er zwanzig. Er war ein junger Medizinstudent, der am Russlandfeldzug teilnahm, an der Front und in den Lazaretten, wo er bereits chirurgisch arbeitete. Dann landete er selber im Krankenbett, mit einer schweren Darmerkrankung, monatelang hing sein Leben an einem seidenen Faden.

Bei Ausbruch des Zweiten Weltkriegs war er fünfundvierzig. Aus dem Medizinstudent war ein Mediziner geworden, der angesehene Professor Dr. Theodor Hünermann, Facharzt für Hals-, Nasen-, Ohrenheilkunde in Düsseldorf, verheiratet mit meiner Mutter Hete und Vater von vier Kindern. Eines Tages klingelte Generalfeldmarschall Kesselring an der Tür: »Hünermann, wir brauchen Sie.« So verließ unser Vater, bekennender Gegner des Regimes, unser Zuhause und operierte an allen Frontabschnitten, leitete Lazarette in Frankreich, Belgien, Berlin und an der Ostfront.

Doch nein, die »englischen Verwandten« verschonten uns nicht. Bombenhagel Tag und Nacht, und schließlich traf er auch unser Haus mit der schönen klassizistischen Fassade und die verwaiste Praxis meines Vaters. Als sie in Flammen aufging, marschierte ich nachts in meinen Schnürstiefeln zur Sternstraße, schleppte all die Instrumente, Akten und Patientenkarteien aus dem Sprechzimmer, bis ein brennender Balken auf meinen Fuß fiel. Ich musste sofort ins Krankenhaus. Später erhielt ich das Verwundetenabzeichen Dritter Klasse. Ich war das einzige Kind mit einem Orden, doch getragen habe ich ihn nicht. Abzeichen mit Hakenkreuz? Enä, wie wir Rheinländer sagen.

Das Nazi-Regime wurde bei uns daheim verabscheut. Mein Vater hat schon früh, 1932, die Gefahr erkannt, nachdem er einen Vortrag von Hitler im Industrieclub gehört hatte. Die Suada über das Tausendjährige Reich entsetzte ihn, Hitler war in seinen Augen ein Psychopath, drauf und dran, ganz Europa ins Elend zu stürzen. Aus dieser Einschätzung hat er nie ein Hehl gemacht, auch nicht, als das bedeutete: aus der Traum vom Lehrstuhl an einer Universität. Er eröffnete eine Praxis. Und nun musste er für diesen Psychopathen an der Front kämpfen.

Düsseldorf lag in Schutt und Asche. Unser wunderschönes Elternhaus – zerstört, mehr oder minder. Der Anblick war grau-

Die frühen Jahre

1   Erstkommunion im Kreis meiner Geschwister: Theo (l.), Walter (r.), und Hete (auf dem Arm meiner Mutter).

Die frühen Jahre

2   Die Hochzeit meiner Eltern, Theodor und Hedwig Hünermann.

3   Geschwister Hünermann: Walter, Gabriele, Theo und Hete.

4   Meine erste Station in der großen weiten Welt: London.

5   Fräulein Gabriele Hünermann.

Die frühen Jahre

6 Die Journalistin.

7 Hochzeit Konrad und Gabriele, 1955.

8 Das Ehepaar Henkel.

1960–1985

9   Die Eltern mit Sohn Christoph, 1961.

10   Opernball in Wien, 1961.

11   Mutter, Ehefrau, Journalistin.

1960–1985

12 Schiffstaufe der »Krugerland«, 1962.

13 Die »Krugerland«.

1960–1985

14   Mein Vater feiert seinen
70. Geburtstag, 1963.

15   Am Telefon.

16   Unser Freund, der Schriftsteller und
Illustrator Ludwig Bemelmans.

17   Mit Ernst Deutsch in der Bemelmans-
Ausstellung in Düsseldorf, 1963.

1960–1985

18 Mit unserem Freund Klaus Doldinger, 1965.

20 Mit unserem Sohn Christoph (r.) in Kufstein, 1966.

19 Gabriele Henkel.

1960–1985

21 Mit unserem Freund David Rockefeller.

22 Mit dem Publizisten Erich Kuby.

23 Mit dem Schiftsteller Friedrich Torberg.

24 Mit dem Industriellen Giovanni Agnelli.

25 Mit dem Schauspieler Maximilian Schell (l.) und dem Bühnenbildner Pit Fischer, 1970.

1960–1985

26 Gabriele Henkel auf einem Fest.

27 Mit Gregor von Rezzori, dem Autor der »Maghrebinischen Geschichten«.

28 Mit Carlo Schmid, dem Vater des Grundgesetzes.

1960–1985

29   Hildegard Knef, Andy Warhol, 1982.

30   Joseph Beuys, 1983.

1960–1985

31   Ein treuer Freund: der Opernintendant Rolf Liebermann.

32   Reinhard Raffalt (Mitte), der Italien-Kenner, und Hans-Heinrich Herwarth von Bittenfeld, der Diplomat.

33   Der Regisseur Robert Wilson, ein Genie mit vielen Begabungen. Unsere Freundschaft verbindet uns bis heute.

envoll. Nichts war mehr übrig von den stattlichen Räumen, vom Salon mit den Barockmöbeln und den alten Gemälden, vom Rauchzimmer mit den Stichen aus dem 18. Jahrhundert, vom Hausflur mit dem schwarz-weißen Marmorboden. Keine Spur mehr von der Garderobe. Unser Vater hatte die merkwürdige Angewohnheit, uns Kinder in Rucksäcke zu stecken und an der Garderobe aufzuhängen, wenn Besuch kam. Wo waren die Akazienbäume, die im Juni so zauberhaft blühten? Ein Duft, der meine Mutter immer an ihre Hochzeit in Koblenz erinnerte.

Wie oft hatte ich vor »Tizians Tochter Lavinia« gesessen, einem Öldruck, der im Esszimmer über der Anrichte hing: eine junge Frau, prächtig gewandet, und in ihren Händen lag verführerisch eine Früchteschale, als brächte sie die Köstlichkeiten nicht dem Vater, sondern einem Liebhaber. Tizian bezauberte mich, entführte mich in meinen Träumen nach Venedig, wo ich noch nie gewesen war, aber das Bild beflügelte meine Fantasie. Ich hörte die Glocken des Markusdoms läuten, und in der Basilika ertönten die Chöre von Palestrina und Monteverdi. Eine neue, unbekannte Welt ging für mich auf beim Anblick des Gemäldes. Wahrscheinlich war es die erste Erfahrung mit der Wunderkraft der Kunst, die mich ein Leben lang fesseln sollte.

Auch das Gemälde wurde unter den Trümmern begraben. Die Bomben rissen mich jäh aus dem Paradies der sorglosen, verträumten Kindheit, in der meine kleine Schwester Hete, einem zauberhaften Tiepolo-Engel gleich, und ich im Garten herumtollten. Früher. Auf einmal gab es ein *Früher*, ein Kapitel, das unwiederbringlich abgeschlossen war. Und das in so jungen Jahren.

Kein Zuhause mehr, kein Vater in unserem Leben, keine Ahnung, wie es mit uns weitergehen sollte. Was nun? Das war die bange Frage meiner Mutter, die mit vier Kindern auf sich selbst gestellt war. Zunächst kamen wir bei Tante Änne unter, in der Cecilienallee. Ihr Haus stand noch. Bald zogen wir weiter, nach Hinterzarten im Schwarzwald, wo vom Krieg noch nicht viel zu spüren war. Wir wohnten im Feldberger Hof, zu Tisch saßen wir in der Johann-Peter-Hebel-Stube, dort ruhte auf uns der gütige Blick des Besitzers, Vater Schladerer, der sozusagen unser Ersatzvater war.

Zum schönen Titisee war es nicht weit, nur fünf Kilometer; wir liefen entweder zu Fuß oder nahmen den Zug, der von Freiburg im Breisgau durch das Höllental hochkam und im Dorf haltmachte. Ein Hauch von Frieden und Geborgenheit umhüllte uns den Sommer über. Endlich auch wieder Kultur: erste Klavierstunden bei Edith Picht-Axenfeld.

Im Winter lernten wir Skilaufen und bauten Sprungschanzen. Meine Höchstleistung: neun Meter, »gestanden«. Es dauerte nicht lange, da schaffte ich es schon auf den Feldberg, erst mit dem Schlepplift auf den Seebuck, danach mit Fellen weiter hinauf, und dann: im Schuss hinunter ins Tal. Herrlich!

Der Kommunionunterricht fand in einem nahe gelegenen Kloster statt. Auch dorthin fuhr ich auf Skiern, quer durch die Tannenwäldchen. Der Pater, der mich unterrichtete, zog mich in seinen Bann, faszinierend in seiner tiefen Gläubigkeit, die mich vorbildlich auf den Tag meiner Erstkommunion einstimmte. Am Weißen Sonntag war ich das einzige Kind in der Kommunionbank, sprach ehrfürchtig die lateinische Liturgie des Hochamtes. Meine Brüder durften ministrieren, darum beneidete ich sie; ich durfte einzig die Kirchenglocke läuten. Da fühlte ich mich dem Himmel näher als der Erde.

Im Jahr darauf folgte die nächste Station: Koblenz. Meine Mutter war in Koblenz aufgewachsen, die Eltern meines Vaters hatten in Koblenz ihre letzten Jahre verbracht. Deshalb schien die vertraute Residenz- und Garnisonsstadt der ideale Fluchtort zu sein. Dies war die Rückkehr an den Ort, wo die Liebesgeschichte meiner Eltern begonnen hatte, gekrönt von der Verlobung im Kloster Maria Laach, ganz in der Nähe, zu der die beiden mit dem Motorrad angefahren kamen, er am Steuer, sie im Beiwagen.

Auch mir war Koblenz vertraut von so manchem Besuch bei den Großeltern. Opa Hünermann war Mediziner wie mein Vater, und zwar ein bedeutender: seine Exzellenz Obergeneralarzt Dr. Rudolf Hünermann. Ein imposanter, ernster Mann, der streng dreinblickte. Er hatte bei dem berühmten Pathologen und Bakteriologen Rudolf Virchow in Berlin promoviert. Den Ruhestand verbrachte er in einem Haus in der Bismarckstraße. Das Treppenhaus war dunkel getäfelt. Die Stufen knarrten. Die Toilettenschüssel war mit Blumen bemalt. Dass die Blumen von der Spülung regelmäßig begossen wurden, beruhigte mich.

Ganz anders ging es im Haus von Opa Devin zu. Der Vater meiner Mutter war Richter und Amtsgerichtsrat. Er entstammte einer alten, im 19. Jahrhundert nach Preußen geflohenen Hugenottenfamilie namens De Vin, die sich in »Devin« umbenannte. Opa Devin fühlte sich seinem Namen verpflichtet. Er leerte jeden Abend mehrere Flaschen »Möselchen« aus eigenen Weinfässern im Keller und kommentierte das mit den Worten: »Ich habe nie mehr getrunken, als mit aller Gewalt hineinging.« Das Elternhaus meiner Mutter war eine prächtige Villa direkt am Rhein, auf der Insel Oberwerth, ein Anwesen mit Park, Rosenpavillon, Blumen-, Obst- und Gemüsegärten.

Dieses Bild also hatten wir vor Augen auf dem Weg nach Koblenz. Heimkehr. Geborgenheit. Unterschlupf in dem Haus, das der Familie schon seit drei Generationen gehörte. Aber es kam anders.

In dem einstigen Haus der Herrlichkeit hatte sich inzwischen der Nazi-Oberbürgermeister mit seiner Familie breitgemacht. In der Beletage lagen der *Völkische Beobachter* und *Der Stürmer* aus.

Wir mussten mit dem Souterrain vorliebnehmen. Ab und zu kam der Milchmann mit dem Pferdewagen vorbei und versorgte uns mit dem Nötigsten.

Um ein Haar wäre ich in Koblenz ums Leben gekommen. Eine Hausangestellte hatte das Bedürfnis, mich »aufzuklären«, und sie umschrieb es nicht poetisch mit Bienchen und Blümchen, sondern so: Männer hätten einen Aal in der Hose, und der sei auf der Suche nach einer geeigneten Höhle, um hineinzuschlüpfen. Ich war angewidert. Was für eine ekelhafte Vorstellung. Um das Bild so schnell wie möglich zu verdrängen, stürzte ich mich in den Rhein. Wohlgemerkt: Ich war neun Jahre alt und hatte noch nicht einmal den »Freischwimmer«! Wie reißend die Strömung war, merkte ich erst, als ich in den Strudeln zwischen den Brückenpfeilern nach Luft schnappte. Zum Glück landete ich irgendwie am anderen Ufer, völlig erschöpft. Mir war kalt. Die Kleidung war klatschnass. Ich hatte keinen Groschen, um mit der Straßenbahn nach Hause zu fahren. Also lief ich zu Fuß zurück. Meiner Mutter erzählte ich kein Wort.

Die Luftangriffe der Amerikaner zielten nun auch auf Koblenz. Wir verbrachten die Bombennächte im Keller und hörten BBC im Radio. So erreichte uns auch die Nachricht von der Invasion der Alliierten an der Küste der Normandie.

Mit sieben Brücken über Rhein und Mosel wurde Koblenz zum Nachschubzentrum. Die Alliierten flogen Tag und Nacht Einsätze. In wenigen Tagen war die Stadt zerstört.

Wieder mussten wir fliehen, diesmal nach Hachenburg im Westerwald. Dort besaß der Bruder meiner Mutter, Onkel Fritz, ein Landschloss. Der Empfang in dem trutzigen Gemäuer war kühl. Tante Annemarie war auf den Einmarsch der Alliierten, nicht aber auf eine familiäre Invasion gefasst.

Ich vergoss viele Tränen. Kein Lebenszeichen von unserem Vater, das war das Schlimmste. An die Nächte im Keller hatten wir uns gewöhnt, an die Bomben auch. Aber die Ungewissheit über das Schicksal meines Vaters war unerträglich.

Hunger mussten wir nicht leiden. Es gab einen Garten, es gab die Äcker in der Umgebung, so ernährten wir uns spärlich. Mit meinem Bruder Theo ging ich gelegentlich in die nahe Pfarrkirche. Meist war außer uns kein Mensch dort, dann stieg ich auf die Kanzel, um zu predigen. Es kam mir vor, als hörte ich die Messe von Bach erschallen, »Dona nobis pacem«. Herr, schenk uns Frieden.

Der Glaube kann Berge versetzen.

*

Unser Vater kehrte zurück, plötzlich tauchte er auf, ein unvergesslicher Anblick: Er kam in seiner Uniform als Oberstarzt der Luftwaffe, begleitet von seinem Fahrer, in einem Kübelwagen. Die Umarmung war ungestüm, liebevoll. Er hat in all den Jahren vorher und nachher nie mehr so gestrahlt wie in dem Augenblick, als er in Hachenburg aus dem Kübelwagen stieg. Der Krieg war zu Ende, die Familie war wieder vereint. Wir hatten überlebt.

Bereits am nächsten Tag fuhr er nach Düsseldorf, um zu Hause das Nötigste vorzubereiten, damit wir ihm möglichst bald folgen könnten. Zu Hause, gab es das noch? Über eine Million Brandbomben waren im Laufe des Krieges auf Düsseldorf gefallen, allein das letzte Bombardement hatte das Stadtgebiet in ein vierzig Quadratkilometer großes Feuermeer verwandelt. Unvorstellbar. Vierzig Quadratkilometer Verwüstung, Zerstörung, Elend.

Inmitten der Ruinen: unser Elternaus, schwer getroffen, kaum bewohnbar. Die zersplitterten Fenster bedeckten wir notdürftig mit Pappe. Wir schliefen in einem Zimmer. Das Familienleben spielte sich im Treppenhaus ab, das noch halbwegs intakt war.

Es war ein Wunder, wie wir – wie die ganze Stadt, das ganze Land – allmählich wieder zu einigermaßen geordneten Verhältnissen zurückkehrten, die man Alltag nennen konnte. Im Erdgeschoss richtete Vater seine Praxis ein. Es war rührend, wie er mit einfachsten Mitteln die Arbeit als Hals-, Nasen-, Ohrenarzt wieder aufnahm. Die ehemalige Küche mutierte zum Bestrahlungsraum, wo auch die Instrumente sterilisiert wurden. Der Duft von Lebertran, seine Therapie für Kieferhöhlenentzündungen, zog durch das ganze Haus, noch mehrere Jahre lang. Unser Zuhause, eng genug, wäre um ein Haar noch enger geworden. Mein Vater bot an, die Behandlungsräume mit einem Kollegen zu teilen, dessen Praxis in Schutt und Asche lag. Da rebellierte meine Mutter. Der Mann war Dermatologe. Sie wollte nicht, dass an der Haustür ein Schild angebracht würde, auf dem geschrieben stand: »Facharzt für Haut- und Geschlechtskrankheiten«.

Wir Geschwister verbrachten die meiste Zeit im Garten. Ich hatte eine Ziege aus Hachenburg mitgebracht. Des Weiteren hatten wir Kaninchen und Hühner. Eines Tages bekamen die Hühner Nachwuchs, kleine Küken. Ich untersuchte sie und stellte fest, dass sie auffallend feucht waren. Kein Grund zur Besorgnis eigentlich, sie waren ja eben erst aus der Schale geschlüpft. Ich aber war besorgt. Also schob ich die armen Küken in den Backofen. Als ich das Blech herauszog, waren sie mehr tot als lebendig. Ich holte »Effortil« aus der Praxis, ein Kreislaufmittel; jedes Küken bekam mit einer Pipette zwei Tropfen zur Stärkung. Alle haben überlebt.

Die Kaninchen, zwölf an der Zahl, mussten auch viel mitmachen. Eines Morgens kam ich zum Stall, da lebten nur noch acht. Die Ratten waren schuld. Ich nahm einen Schuhkarton, legte ihn mit ein bisschen Rasen und Butterblumen aus und bettete die vier Leichname darauf. Den Pappsarg verschloss ich mit Bindfaden, ans Ende war ein Stein gehängt. Feierlich schritt ich zum Kaiserteich und ließ den Sarg ins Wasser sinken. Zwei weiße Schwäne begleiteten das Zeremoniell. Traurig ging ich ans Rheinufer, vor Kummer wäre ich am liebsten auch gestorben. Nun zu meiner geliebten Ziege. Es kam der Moment, da wurde sie plötzlich »unruhig«. Was war bloß mit ihr los? Ich machte mir Sorgen, aber dann wurde ich eines Besseren belehrt: Die Ziege muss zum Bock! Umgehend gab ich eine Kleinanzeige in den *Düsseldorfer Nachrichten* auf: »Wer deckt meine Ziege? Prof. Hünermann.« Mein Vater fand das gar nicht lustig. Die Antwort kam auf einer Postkarte: »Verfüge über einen potenten, silbergrauen Ziegenbock.« Absender: eine Adresse in Düsseldorf-Eller. Ich trabte mit meiner Ziege dorthin, doch statt des Schrebergartens, den ich erwartet hatte, lebte der Ziegenbock in einem Mietshaus, erster Stock, dritte Tür links. Ekelhaft. Ich klingelte nicht, auch der Ziege war inzwischen die Lust auf Nachkommenschaft vergangen. Unverrichteter Dinge kehrten wir heim.

Das waren so die kleinen Ereignisse, die in der Erinnerung haften geblieben sind, gerade weil sie den Alltag auflockerten, der im Großen und Ganzen trist war. Am schlimmsten war der Hunger, besonders im ersten Nachkriegswinter. Im Krieg hatten wir ja nicht gehungert, auf dem Land ließ sich immer irgendwo etwas Essbares auffinden. Aber in der Stadt war das zum Verzweifeln. Hinzu kamen die Millionen Flüchtlinge, die ihre Heimat verloren hatten, Ostpreußen, Pommern und Schlesien. Alle hatten Hunger.

Auf dem Schwarzmarkt gab es manchmal das Maismehl der Amerikaner, immerhin, aber wie sollte man daraus Brot backen? Ich fuhr bis nach Velbert, um Milch zu holen im Tausch gegen eine wertvolle Flasche Armagnac, die mein Vater vor Kriegsausbruch im Garten vergraben hatte. Meine Mutter gab ihre letzte

Habe für Kalbfleisch und Würste. Ein Bauer war Vaters Patient. Unvergesslich, als er in die Praxis kam und ein Kilo Butter auf den Tisch legte!

Im Frühling, wenn die Kirschen reif waren, nahm ich den Zug und suchte den ehemaligen Bediensteten meines Großvaters auf, der an der Mosel einen weitläufigen Garten mit Obstbäumen hatte. Ich schüttelte die Kirschen von den Bäumen, entkernte sie und kochte Marmelade ein. All die Weckgläser im Gepäck, fuhr ich zurück nach Düsseldorf. In Andernach machte der Zug halt, die Station lag an der Grenze zwischen der französischen und der britischen Besatzungszone. Ein Offizier trieb mich auf den Bahnsteig, schleuderte mein Gepäck zu Boden, und dabei zerbrachen meine kostbaren Fruchtgläser. Ich schrie vor Wut so laut, dass sämtliche Passagiere die Köpfe aus den Zugfenstern steckten. Der Offizier war wütend, weil ich seiner Aufforderung nicht Folge geleistet hatte, mich im Abteil auf seinen Schoß zu setzen und mich von ihm küssen zu lassen.

Ein ähnliches Erlebnis hatte ich schon einmal. In Hachenburg hatte mich ein amerikanischer Soldat auf seine Knie gesetzt, und seine Hand wanderte über Brüste und Schenkel. Doch er fand mich zu jung für ein Schäferstündchen. Diese Scheu bewahrte mich nun offenbar nicht mehr, ich war erwachsener geworden. Aber Männer waren für mich noch nicht interessant.

Es dauerte eine Weile, bis unser Haus wieder in einem bewohnbaren Zustand war. Allmählich kehrte das Mobiliar zurück, die Barock- und Biedermeiermöbel, die während des Krieges von den Benediktinerpatres im Kloster versteckt worden waren. Sie verhalfen unserem Elternhaus zu neuem bescheidenem Glanz.

Wie prägend Milieu und Atmosphäre des Elternhauses waren, habe ich erst begriffen, als ich erwachsen war.

Die Vorkriegszeit: Das klassizistische Gebäude und die wundervolle Einrichtung, die Gemälde, die Möbel, das Porzellan – alles ist im geistigen Auge haften geblieben. Tief in meinem Unterbewusstsein tickten weiterhin die alten Standuhren. Jede Woche war der Uhrmacher gekommen, um sie aufzuziehen. Als einzige Schülerin in der Volksschule musste ich eine Schürze und Schnürstiefel tragen, im Winter dicke Wollstrümpfe. Alle anderen Mädchen durften mit Halbschuhen, Röckchen und Aktentasche in die Schule gehen. Das war mir verboten. Schnürstiefel seien besser für die Füße, meinte meine Mutter.

Die Kriegszeit: Verlust des Elternhauses. Flucht von einem Quartier ins nächste. Die Seele war plötzlich obdachlos, in Kindesjahren ein Schock.

Die Nachkriegszeit: Der Duft von Lebertran im Haus. Der Totenschädel mit Hut und Zigarre, ein bizarres Objekt im Arbeitszimmer meines Vaters. Er nannte es »Toter SS-Mann«. Seitlich konnte man den Schädel aufklappen, so veranschaulichte Vater seinen Patienten die Nebenhöhlen. Unvergesslich die frugalen Mahlzeiten: Grünkohl mit geräucherter Mettwurst oder Rübstiel-Eintopf. Freitags gab es Stockfisch mit braun gebratenen Zwiebeln, entsetzlich. Auch ein Horror auf dem Speisezettel: Hasenpfeffer, der in Hasenblut, statt in Rotwein gekocht wurde. Zweimal in der Woche holte ich für meinen Vater Bier aus dem Lokal, in einer Milchkanne.

Die Jahre zwischen zehn und zwanzig habe ich nicht als Traum erlebt. Schön wäre es gewesen in besseren Zeiten. Nein, es war ein Albtraum.

Realitätssinn war das Gebot der Stunde, von Träumerei und Vergnügen keine Spur. Kein Kino, keine Klavierstunden, keine Romanzen, kein jugendlicher Übermut. Ich wurde im Haushalt gebraucht. Wäsche waschen, bügeln, in der Küche helfen, die Hühner und Kaninchen füttern. Wenn es abends dunkel wurde, führte ich die Ziege auf eine Grünfläche, wo ich mit einer Sichel Gras für sie mähte.

Immerhin bestrafte mein Vater mich nicht mehr mit dem Teppichklopfer. Das hatte ich ihm ausgeredet. Ich sagte ihm, seine schönen Hände seien doch viel zu schade, um seiner Tochter eine Tracht Prügel zu verabreichen, er möge bitte an seine Operationen denken.

Das bitterste Versäumnis jener Zeit: kein Schulunterricht. Ich konnte einfach nicht verstehen, warum meine Eltern mir die Ausbildung verwehrten. Ich musste mir das Grundwissen selbst beibringen, stöberte in den Bücherregalen, Goethe, Schiller, Brockhaus. Beim Bügeln hörte ich klassische Musik im Radio. Aber in der Waschküche lernt man keine Fremdsprachen, im Hühnerstall lernt man nicht Latein. Meinen Eltern war das gleichgültig. Von meinen nächtlichen Tränen wussten sie nichts. Ich habe ihnen die Fehler in der Erziehung sehr lange übel genommen. Liebe verzeiht irgendwann, aber Fehler kann man nicht revidieren.

Meine Brüder hatten es besser, sie durften zur Schule gehen. Walter, der Erstgeborene, war der Prinz im Haus. Er wurde von jeder Arbeit verschont. Sein Teller war besser bestückt als die unseren. Meine Mutter sagte immer: »Walter ist so zart.« Er war überhaupt nicht zart. Theo, der jüngere Bruder, war kein Licht im Unterricht, aber gleichwohl, er ging zur Schule.

Ich fühlte mich vernachlässigt. Mein Vater nahm mich nicht ernst, meine Ambitionen erst recht nicht. Wie liebevoll er sein konnte, sah ich im Umgang mit seinen Patienten, wenn ich die Sprechstundenhilfe vertrat. Mir jedoch zeigte er seine Liebe nicht. Keine Umarmung, keine Zärtlichkeit, keine Nähe. Unbegreiflich. Der Krieg hat die Seelen dieser Generation verwundet, wahrscheinlich lag es daran. Das Inferno der britischen Luftangriffe auf Dresden hatte meinem Vater jegliche Leichtigkeit des

Seins geraubt. Der Anblick des zerstörten Düsseldorf machte ihn vollends schweigsam.

Zu Hause bei Tisch wurde selten gesprochen. Vermutlich war unser Vater zu erschöpft. Eine gewisse Wortkargheit lag schon in der Familie. Auch sein Vater und sein Onkel wurden von ihren Frauen »Türme des Schweigens« genannt. Habe ich deshalb diese Sehnsucht nach Tischrunden entwickelt, in denen lebhaft gesprochen, geplaudert, debattiert wird? War mein Salon, den ich später in Düsseldorf oder Hösel unterhalten sollte, ein unterbewusster Gegenentwurf?

Wie schon gesagt: Die Kindheit prägt den Menschen. Was man als junger Mensch erlebt, vergisst man nicht. Lange vor Freud hat der amerikanische Philosoph Ralph Waldo Emerson geschrieben: »Alles ist im Entstehen, alles ist Kindheit.«

Gelacht wurde bei uns zu Hause selten. Heiter ging es eigentlich nur einmal im Jahr zu, an Vaters Geburtstag. Am Abend fanden sich seine zahlreichen Assistenten ein, die sogenannten »Hünermann-Knechte«. Meine Aufgabe war es, zu kochen, den Tisch zu decken und zu servieren, was meinen Vater jeweils zu der Bemerkung veranlasste: »Das Personal hat sich nicht in die Unterhaltung einzumischen!«

Glückliche Jugend – gab es so etwas überhaupt, in jener Zeit?

Endlich kam der Tag, als ich wieder zur Schule gehen durfte, in das Helene-Lange-Gymnasium, eine Mädchenschule. Ich war die schlechteste Schülerin, kein Wunder. Mir fehlten die Voraussetzungen, Geschichte, Naturwissenschaften, Fremdsprachen. Nur im Sport war ich gut, auch bei der Zubereitung der Schulspeise. Vermutlich hielten die Lehrer mich für unintelligent. Ich konnte nicht mithalten und wurde täglich trauriger. Wenn ich eine schlechte Klassenarbeit nach Hause brachte, die mein Vater unterschreiben musste, notierte er auf Latein: »Wenn Du wolltest, würdest Du können.«

Ja, was wollte ich? Was sollte aus mir werden? Ich hatte keinerlei Vorstellung. Tennis spielen, das wollte ich. Aber der Wunsch wurde mir verwehrt:»Tennis ist nichts für dich, Rudern ist besser.« Eiskunstlauf, auch das war mein Traum. Aber die Bitte um Privatstunden wurde ausgeschlagen:»Dafür bist du zu alt.« Ich war ein unsicherer Teenager, mein Selbstbewusstsein musste sich erst entwickeln. Dazu trugen die spöttischen Bemerkungen meines Vaters nicht gerade bei. Mein naturkrauses Haar kommentierte er:»Dein Haar ist wie Sauerkraut.« Oder:»Du hast eine Matratze auf dem Kopf.«

Mama meinte, ich sei zu dick und müsse ein Korsett tragen. Wir gingen zu»Haita«, einem Wäschegeschäft in Düsseldorf, und ich zwängte mich in die Korsage, bekam fast keine Luft mehr. Schrecklich auch der graue Faltenrock und die dicken, flachen Schuhe, mit denen ich in die Tanzschule»Von Kayser« geschickt wurde. Hübsche Kleider hatte ich nicht. Wenn ich mich darüber beklagte, dann hieß es:»Nimm einen Nähkurs!«

Ach ja, da gab es auch noch meinen Badeanzug – aus Wolle. Ich hatte ihn im Gepäck, als ich ein Wochenende in Blankenheim, bei Verwandten, verbrachte. Tante Pully hatte zwei bildhübsche Töchter, und ein Fest war angesagt. Meine erste Party. Sehr zum Verdruss der beiden Mädchen hatte ich – nun wirklich keine Schönheit – Erfolg bei ihren Freunden, wir tanzten die ganze Nacht. Am nächsten Morgen ging es ab ins öffentliche Freibad, wo ich die jungen Männer mit Kopfsprüngen vom Drei-Meter-Brett erfreute – bis sich der wollene Badeanzug in den Fluten auflöste. Schwimmen hatte mir mein Vater beigebracht, im Rhein, bei Volmerswerth, eine seltene Anwandlung von Fürsorge.

Einmal fuhren wir auch nach Zell am See, die einzige Ferienreise, die mir in Erinnerung geblieben ist. Wir reisten mit dem Rucksack. Es regnete unentwegt. Mutter blieb im Hotel, sie war erholungsbedürftig. Vater führte uns nach Kaprun zum Stausee. Das musste ihm jedoch nicht behagt haben, künftig verzichtete er auf Ausflüge mit uns Kindern. Lieber vertiefte er sich in seine wissenschaftlichen Arbeiten, die er auf Griechisch oder Lateinisch verfasste.

Es kam die Zeit, da sprachen die ersten »Kavaliere« vor. So nannten meine Eltern die jungen Verehrer, die mir den Hof machten. Studenten, Rennfahrer, Adlige, alle möglichen Mannsbilder riefen bei uns zu Hause an. Das Telefon stand auf Vaters Schreibtisch. Es klingelte, und ich hörte, wie er in den Hörer blaffte: »Was wollen Sie von meiner Tochter?« Oder er sagte: »Ist nicht da!«, selbst wenn ich neben ihm stand.

Die »Kavaliere« nannte er bald nur noch »Kerle«, obwohl respektable Männer darunter waren, Günther von Bismarck zum Beispiel. Oder der Ritterkreuzträger Joseph Heyden.

Der Rennfahrer holte mich in seinem schnittigen BMW von der Schule ab. Bis elf Uhr abends hatte ich spätestens wieder zu Hause zu sein, sonst stand mein Vater im Pyjama an der Haustür und rief: »Du benimmst dich wie ein Dienstmädchen!«

Die heiß ersehnte Schulzeit währte nicht lange. Meine Noten waren zu schlecht. Ich konnte die Versäumnisse beim besten Willen nicht aufholen. Dann wurde ich auch noch krank. Gehirnhautentzündung, die Folge einer unglücklichen Zahnoperation. Wochenlang lag ich im Marienhospital. Wieder gesundet, musste ich die Schule verlassen. Genau genommen endete in dem Augenblick meine Kindheit.

Meine Eltern schickten mich als Au-pair-Mädchen nach England, ohne einen Pfennig. Von nun an musste ich auf eigenen Füßen stehen. Ich war sechzehn Jahre alt.

*

Der Haushalt, in dem ich mich nützlich machen sollte, war in Richmond, nahe bei London, eine vornehme, adlige Familie in einem herrlichen Haus aus dem 18. Jahrhundert. Ich kochte für vierzehn Personen, davon zehn Kinder. Wenn mich die Dame des Hauses den Gästen vorstellte, dann nur als »our German girl«.

Lohn gab es nicht, hier und da bekam ich einen Obolus, ein Pfund, das knapp für die Zugfahrt nach London reichte. Am Piccadilly Circus war ich mit Franz Jochen Schoeller verabredet, einem Bekannten aus Düsseldorf, der in London lebte. Ich kam eine Stunde zu spät zu unserem Treffpunkt, weil ich mich im Subway-Labyrinth verirrt hatte.

Was für eine atemberaubende, überwältigende Stadt! Jochen zeigte mir die Sehenswürdigkeiten, führte mich in Museen und Kirchen. Einmal, als wir uns der Tate Gallery näherten, hob er meine Hand, führte sie an seine Nase und bemerkte: »Deine Hände riechen nach Zwiebeln.«

Ich bewunderte seine humanistische Bildung, seine Weltläufigkeit. Er hatte in Paris gerade das erste große juristische Staatsexamen abgeschlossen, später einmal sollte er Diplomat werden, unter anderem deutscher Botschafter in Paris. Wir wurden Freunde fürs Leben.

War es sein Einfluss, dass ich mich mit einer Stellung im Haushalt bald nicht mehr zufriedengab? Womöglich. Doch es war auch ein neues Selbstbewusstsein, das sich in England, fernab des Elternhauses, entfaltete, und ich wurde wieder meiner Ambitionen gewahr. Ich kündigte, zog in die Stadt und besuchte das College, um Englisch zu lernen. Das Geld dafür verdiente ich mir, indem ich einer Dame aus dem englischen Hochadel Deutschunterricht erteilte. Ein Jahr lang besuchte ich sie mehrmals die Woche in ihrem eleganten Haus, wo sie mich auch mit Sandwiches und Kuchen durchfütterte.

Am College tummelten sich viele ausländische Studenten, unter anderem auch ein blendend aussehender Perser, der sich in seinem Rolls-Royce zum Unterricht chauffieren ließ. Er machte mir Avancen, die in dem Angebot gipfelten, mir eine große Wohnung am Belgrave Square einzurichten. Ich verzichtete dankend. Die Briefumschläge, gefüllt mit imposanten Schecks, gab ich zurück, wenn auch ungern. Ich wollte mich in London aus eigener Kraft durchschlagen.

»Wenn Du wolltest, würdest Du können.« Der Satz meines Vaters entfaltete seine Wirkung. Ich wusste auf einmal, was ich wollte: Mein Lebenswunsch war, Journalistin zu werden.

Das Metier zog mich magisch an, ich las für mein Leben gern Zeitungen und Magazine, vor allem die englischsprachigen. Sie hatten mir eine neue Welt geöffnet. Daran wollte ich teilhaben, diesen Beruf wollte ich ergreifen. Aber wie sollte das gehen? Ich kannte keinen einzigen Menschen in der Branche.

Also ging ich in die deutsche Gesandtschaft in London und bat um ein Empfehlungsschreiben. Das Schriftstück schickte ich an alle möglichen Redaktionen, vom *Daily Telegraph* bis zur *Sunday Times*, vom *Observer* bis zum *Evening Standard*. Ein verrücktes Unterfangen, zumal für ein Mädchen von siebzehn Jahren, eine blutige Anfängerin, die eben erst Englisch gelernt hatte. Doch ich hatte Glück. David Astor, der Herausgeber des *Observer*, empfing mich. Astor entstammte einer der reichsten Familien Englands, war auch Besitzer der Zeitung und ein mächtiger Journalist. Er hatte keine pauschale Aversion gegenüber Deutschen, was zu dieser Zeit in England die Ausnahme war. Gräfin Dönhoff gehörte zu seinem Freundeskreis, auch den deutschen Journalisten Raimund Pretzel, der sich im Exil Sebastian Haffner nannte, hatte er zum *Observer* geholt. Irgendwie muss das forsche Mädchen aus Düsseldorf Astor imponiert haben: Er stellte mich ein.

Es begann eine wunderbare Zeit. Ich wurde dem Redakteur Michael Davies zugeteilt und bekam als Volontärin sechseinhalb Pfund pro Woche aus der Portokasse, inoffiziell, Ausländer hatten ja keine Arbeitserlaubnis.

Michael war verantwortlich für die Rubrik »Pendennis« und schickte mich zu Reportagen in London herum und in die Provinz. Ich schrieb meine ersten kleinen Berichte. Mein Traum war wahr geworden, ich hatte im Journalismus Fuß gefasst.

Hin und wieder besuchte ich meine Eltern in Düsseldorf, die meine neue Existenz mit Erstaunen zur Kenntnis nahmen. Auf einem Rückflug nach London sprach mich eine elegante dunkelhaarige Dame an: Lola Hahn, geborene Warburg. Sie war mit Rudolf Hahn verheiratet, dem Bruder des berühmten Pädagogen Kurt Hahn, der unter anderem die Internate Schloss Salem und Gordonstoun gegründet hatte, die Privatschule, auf die das britische Königshaus seine Nachkommen zu schicken pflegte. Während des Fluges kam es zum herzlichen Gespräch. Sie lud mich für das Wochenende in ihr Haus in Oxfordshire ein. Geld für die Fahrkarte befand sich in einem Umschlag.

Am Samstag setzte ich mich in den Zug. Abgeholt wurde ich von Lolas Sohn Oscar, der mich bei tobendem Gewitter am Bahnhof erwartete. Ich war durchnässt und sah mit meinen krausen Haaren schrecklich aus, was Oscar offenbar nicht störte, denn wie er später gestand, hatte er sich beim ersten Anblick in mich verliebt. Es dauerte nicht lange, da erwiderte ich Oscars Liebe. Er war eine eindrucksvolle Erscheinung, blond, strahlend blaue Augen. Als Junge war er an Kinderlähmung erkrankt und ging an Krücken. Das störte mich nicht. Die bezaubernde Familie, die schöne Mutter, der liebevolle Vater, das häusliche Milieu, der traumhafte Garten – all das hatte mir das Herz geöffnet. Und Oscar natürlich, meine erste große Liebe.

Er besuchte mich fast täglich in London. Dort hatte ich meine

80

erste eigene Wohnung in South Kensington. Morgens fuhr ich mit der Subway zur Fleet Street, dem Quartier der bedeutenden Zeitungen des Landes.

Die Wochenenden verbrachte ich bei Familie Hahn auf dem Land. Ich wurde liebevoll in die Familie aufgenommen. Standen Konzerte, Abendgesellschaften oder Bälle auf dem Programm, war ich immer herzlich eingeladen. Ich vergnügte mich prächtig. Nur wenn ich zum Tanz aufgefordert wurde, bemerkte ich den traurigen Blick von Oscar. Tanzen war ihm verwehrt. Inständig bat er mich, trotzdem nicht vom Tanzen zu lassen. Er wollte unter keinen Umständen, dass seine Behinderung mich einschränkte oder belastete.

Wir schmiedeten Pläne. Er glaubte an mich. Kein Zweifel, ich hätte eine glorreiche Zukunft als Chefredakteurin einer großen Zeitung vor mir, meinte er. Eines Tages machte er mir im Haus seiner Eltern einen Heiratsantrag. Als mein Vater davon erfuhr, beorderte er mich sofort zurück nach Düsseldorf. Ich war noch nicht volljährig und musste gehorchen.

Schweren Herzens ließ ich meine große Liebe, meine erste Wohnung, mein Büro beim *Observer*, meine neue Heimat London zurück und beugte mich der halbjährigen Bedenkzeit, die mir mein Vater verordnet hatte.

Welche Tochter würde das heutzutage tun? Ich wundere mich selbst über das Verhalten der jungen Frau damals, die doch schon auf eigenen Beinen stand, und trotzdem fügte sie sich der väterlichen Gewalt. Aber die Zeiten waren noch nicht so, dass man den Mut hatte, sich gegen die Eltern aufzulehnen. Die braven Fünfzigerjahre hatten gerade begonnen. »Antiautoritär« – das Wort gab es noch nicht.

Ich wohnte also wieder zu Hause. Arbeit hatte ich in der Librairie Française gefunden, einer französischen Buchhandlung in der Königsallee, die auch eine Schallplattenabteilung hatte.

Meinen Französischkenntnissen tat das gut. Den Hit »Voulez-vouz coucher avec moi, ce soir« gab es noch nicht, aber mein Wortschatz erweiterte sich in dieser Richtung. Ich verstand plötzlich, was »J'ai envie de toi« bedeutete. Oscar schrieb mir regelmäßig. Unsere gegenseitigen Liebeserklärungen überquerten den Ärmelkanal Tag für Tag.

Nachdem sechs Monate verstrichen waren, kam Oscar nach Düsseldorf. Er bat meinen Vater um meine Hand, doch mein Vater sagte erneut gnadenlos: »Nein.« Traurig reiste Oscar ab.

Da ging ich, Tage später, an den Schreibtisch meines Vaters, holte aus der Schublade meinen Reisepass, verließ das Haus und flog nach London. Das rigorose »Nein« zu meiner Zukunft konnte ich nicht mehr akzeptieren. Ich beschloss, das Leben selbst in Hand zu nehmen. Ich wollte meine Entscheidung selbst treffen. Endlich wieder in London, endlich wieder bei Oscar. Wir genossen die gemeinsamen Tage, gingen ins Kino, besuchten Konzerte, machten Ausflüge. Er war ein liebevoller, intelligenter Mann. Aber mein Vater sollte recht behalten. An einem Sonntagmorgen sagte ich den Satz, selbst erstaunt darüber, dass er so leicht, aber aus tiefem Herzen, über meine Lippen kam: »Ich liebe dich nicht genug, ich kann dich nicht heiraten.«

Oscar sah mich entsetzt an und antwortete: »Du machst den größten Fehler deines Lebens, wir werden uns nie wiedersehen.« Er verließ das Haus und verschwand für immer. Später erfuhr ich, dass er eine andere Frau geheiratet hat und früh verstorben ist.

Mein Vater war streng, aber er hatte einen untrüglichen Instinkt für Menschen. Er wusste, welcher Mann gut für mich war. Er war – klassische Psychologie – wohl auch das Vorbild für den Mann meines Lebens. Trotz seiner Unzulänglichkeiten im Umgang mit mir liebte und verehrte ich ihn.

Das Kapitel mit Oscar war abgeschlossen. Und nun? Ich

dachte: Vielleicht wäre der Perser, der mir die große Wohnung am Belgrave Square hatte einrichten wollen, doch der Richtige gewesen. Wir trafen uns wieder, gingen zusammen essen ins Restaurant Coque d'Or. Und während des Dinners brachte mir der Oberkellner eine Visitenkarte mit dem Namen Fritz Molden.

An diesem Abend begann eine wunderbare Liebesgeschichte, die sich dann zu einer tiefen Freundschaft wandelte, ein Band, das über sechs Jahrzehnte hielt. Erst vor drei Jahren ist Fritz verstorben.

Fritz Molden umgab die Aura eines Mannes mit Heldenmut, dazu hatte er einen umwerfenden Charme. Der Perser war im Nu vergessen. Legendär, wie der junge Molden mit vierzehn Jahren den Entschluss gefasst hatte, Widerstandskämpfer zu werden. Kurz nachdem Österreich von Hitler ins Reich einverleibt worden war, ging er in den katholischen Untergrund, setzte sein Leben aufs Spiel, wurde verhaftet und landete später in einem Strafbataillon an der russischen Ostfront. Ihm gelang die Flucht, erst nach Italien, wo er mit den Partisanen im Appenin kämpfte, dann in die Schweiz, wo er Verbindungsoffizier zwischen den Alliierten und der österreichischen Widerstandsbewegung O5 wurde. Die Vereinigten Staaten ehrten ihn dafür mit der Medal of Freedom. Ein grandioser Mann. Ich verfiel ihm augenblicklich.

So lernte ich Wien kennen, seine Heimatstadt. Romantische Spaziergänge führten uns zur Hofburg, zum Stephansplatz, in die Schlösser und Museen. Ich stand gebannt vor dem Haus in der Eroicagasse, wo Beethoven gewohnt hatte. Wir stiegen ins Riesenrad auf dem Prater und schwebten im Himmel über der prächtigen Kaiserstadt. Himmlisch, im wahrsten Sinne des Wortes.

Niemand kannte Wien und seine Geschichte besser als der hochgebildete Fritz Molden. Er verkörperte die österreichisch-ungarische Tradition, »k. u. k.«, in Reinstkultur. Sein Vater,

Ernst Molden, war Chefredakteur der Wiener Zeitung *Die Presse*, seine Mutter, die Dichterin Paula von Preradović, hatte nach Kriegsende die österreichische Nationalhymne geschrieben. Das Gedicht, in Stein gemeißelt, prangte feierlich am Stephansdom. Im Sommer folgte ich Fritz nach Alpbach in Tirol. Sein älterer Bruder, Otto Molden, hatte dort gemeinsam mit dem Philosophen Simon Moser die »Europäischen Hochschulwochen« gegründet, eine Sommerakademie, die Studenten mit liberalen europäischen Intellektuellen zusammenbrachte.

»Was ist der Mensch?«, lautete das Thema in jenem Jahr, 1953. Illustre Denker nahmen sich der Frage an; das machte Alpbach so einzigartig. Auf der Terrasse des Böglerhofes sah man den Philosophen Karl Popper, den Soziologen Helmut Schelsky, den Physiker und Nobelpreisträger Erwin Schrödinger, den Dichter W. H. Auden, den Politiker Bruno Kreisky, den Komponisten Ernst Krenek.

Die Professoren hielten Seminare unter großen Bäumen, bei Regen im Schutz der Heustadel. Ich nahm als Studentin teil, überwältigt von der imposanten Ansammlung von Geistesgrößen. Eine solche Konzentration von Intelligenz, Witz und Heiterkeit hatte ich noch nie erlebt.

Meine Unterkunft war ein kleines Fremdenzimmer neben dem Gasthof Jakober. Ausgerechnet in diese enge Stube zog es die Herren, allen voran Außenminister Karl Gruber, zum »Mulatschak«.

»Mulatschak« bedeutete: Trinkgelage, Wein und Schnaps flossen in Strömen, Unterhaltungen überschlugen sich, und am Ende des Abends flogen die Gläser an die Wand, eine alte ungarisch-österreichische Tradition, die in Alpbach hochgehalten wurde.

Auf der Terrasse des Böglerhofes entstand so manche Freundschaft. Dort begegnete ich zum ersten Mal dem Schriftsteller

Friedrich Torberg und seiner Frau Marietta, mit denen ich über die nächsten zwei Jahrzehnte verbunden bleiben sollte. Ich lernte den jungen Axel Corti kennen, da war er noch Redakteur bei Radio Tirol; zwanzig Jahre später sollte er den Großen Österreichischen Staatspreis für Filmkunst erhalten. Er blieb ein lieber Freund in all den Jahren.

Fritz Molden erlebte Alpbach leider betrübt. Die Tage waren überschattet vom Tod seines Vaters. Er trug eine schwarze Krawatte und eine schwarze Binde am linken Ärmel seines Trachtenanzugs, als er von der Beisetzung zurückkam. Ende einer Ära. Fritz trat die Nachfolge seines Vaters an und wurde Herausgeber der Zeitung *Die Presse*.

Auch mein Berufsleben erfuhr eine plötzliche Wende. Das Bonner Büro des amerikanischen Nachrichtenmagazins *Newsweek* hatte eine Stelle frei. Ich bewarb mich und bekam sie. So verschlug es mich nach Bonn.

Nachdem ich London und Wien erlebt hatte, kam mir das Nest, das sich die junge Bundesrepublik als Hauptstadt ausgesucht hatte, ziemlich provinziell vor. Das war es auch. Aber der Politikbetrieb, ein eigenes Universum, machte mich neugierig.

Konrad Adenauer sah ich zum ersten Mal im Aufzug. Außer »Guten Morgen, Herr Bundeskanzler« brachte ich kein Wort über die Lippen. Bei Franz Josef Strauß war ich unbefangener, seine bayerische Jovialität sprudelte volkstümlich, frisch von der Leber weg. Er duzte mich ganz selbstverständlich.

Was sucht das Mädel hier im Bundestag, mochte er sich gefragt haben. Eine so junge Frau, akkreditiert als Journalistin eines berühmten amerikanischen News-Magazins, war ja auch ungewöhnlich.

Ich teilte mir das Büro mit Bob Heager, meinem Chef. Er nahm seinen Job auf die leichte Schulter, legte mit Vorliebe seine langen Beine auf den Schreibtisch und überließ mir die Arbeit.

Ich saß im Plenarsaal, verfolgte die langen Debatten und machte Notizen, die Bob dann in seinen Artikeln übernahm.

Das Honorar: fünfhundert D-Mark im Monat. Ein Zubrot verdiente ich mir, indem ich zwei Bundestagsabgeordneten zuarbeitete. Ich betreute ihre Büros und leerte ihre Briefkästen. Einer der beiden war Otto Fürst von Bismarck, der für die CDU im Auswärtigen Ausschuss saß. Gräfin Dönhoff hatte mich ihm empfohlen. Die Gräfin wiederum kannte ich, weil sie mit David Astor befreundet war, und als ich London verlassen musste, hatte sie mich freundlicherweise empfangen und mein Selbstvertrauen gestärkt, mit den Abschiedsworten: »Auf Wiedersehen auf der Titelseite!« Nun gut, meine Artikel waren noch nicht auf der Titelseite einer Zeitung erschienen, aber ich war voller Hoffnung.

Auch meine Wohnsituation verbesserte sich: Ich hatte in einem elenden Zimmer ohne Bad in Bad Godesberg gehaust und musste mit der Bahn nach Bonn fahren. Schluss damit, nunmehr konnte ich von meiner winzigen Wohnung in Bonn zu Fuß zur Arbeit gehen. Ich lief an Schrebergärten entlang und pflückte Blumen, um unser *Newsweek*-Büro ein bisschen schöner zu machen.

Zu den Politikern, die ich verehrte, gehörte Fritz Erler. Er war ein brillanter Redner, der Adenauer im Bundestag oft scharf attackierte. Im Dritten Reich war der Regimegegner zu zehn Jahren Zuchthaus verurteilt worden; auf dem Todesmarsch nach Dachau gelang ihm die Flucht. Die persönliche Lebensgeschichte verlieh ihm eine hohe moralische Autorität.

Carlo Schmid war auch eine Persönlichkeit, zu der ich bewundernd aufblickte. Er saß ebenfalls für die SPD im Bundestag und war einer der Väter des Grundgesetzes, ein weiser Rechtsgelehrter, darüber hinaus ein literarisch hochgebildeter Mann. Geboren in Perpignan, sprach er fließend Französisch und übersetzte die Werke von Malraux und Baudelaire. Seine Übersetzung von *Les Fleurs du Mal* galt als unübertroffen.

Ich war stolz, wenn ich zu Conrad Ahlers gerufen wurde, dem Chef vom Dienst im Bundespresseamt, einem mutigen Journalisten, der später mit einer Titelgeschichte die erste Staatskrise der Bundesrepublik auslösen sollte, die sogenannte Spiegel-Affäre.

Die Bonner Republik, die Pressebaracken beim Bundestag – da war ich nun gelandet. Ich schrieb meinen ersten Leitartikel, für *Die Presse* in Wien, wo mein Freund Fritz Molden inzwischen das Zepter schwang. Rüdiger von Wechmar, Korrespondent für die amerikanische Nachrichtenagentur UPI, stellte mir freundlicherweise seinen Fernschreiber zur Verfügung. Was konnte sich ein Backfisch, der eben erst mit dem Journalismus angefangen hatte, mehr wünschen? Die große Liebe! Den weißen Ritter in der strahlenden Rüstung, wie der englische Dichter Henry Pye den ewigen Traummann nannte.

Wenn das Schicksal ihn für mich vorgesehen hatte, dann musste er nur noch in Bonn einreiten und mich finden. Wundersamerweise geschah das. Ich lernte Konrad beim Karneval kennen. Er war als Trapper verkleidet. Der Trapper wurde der Mann meines Lebens.

3.

Ich bin doch kein Eichhörnchen

Konrad Henkel – da sind sich alle einig, die je mit ihm zu tun hatten – war eine außergewöhnliche Persönlichkeit. Es war vor allem die Bescheidenheit, die ihn auszeichnete, und die war angesichts der Position, die er bekleidete, keine Selbstverständlichkeit. Eitelkeit war ihm fremd, großes Tamtam um seine Person mochte er nicht.

Er löste Respekt aus, allein durch seine Klugheit, seine Kompetenz und seine Leistung. Dazu kam seine würdevolle Erscheinung. Auch das volle, weiße Haar gab ihm Klasse, er hatte es schon frühzeitig, als er noch keine fünfzig Jahre alt war. Oft wurde er als »Grandseigneur des Wirtschaftswunders« bezeichnet. Das war treffend, er war ein Grandseigneur, nobel, immer auf Haltung und Distanz bedacht. Ein Mann der leisen Töne, aber gesegnet mit einer großen Herzlichkeit, ja Güte. Und mit Humor, schließlich war er im Grunde seiner Seele ein bodenständiger Rheinländer.

Er spielte gern Skat. Auf dem Lehenhof, unserem Gut bei Kufstein, lud er die Jäger in die Kartenrunde. Nicht selten kam es vor, dass er auch schummelte. Dabei ertappt, rief er dann: »Mein Haus, meine Regeln.«

Und er ging gern wandern, genoss die Jause am Ziel: Speckplatte mit Bierchen und Schnäpschen. Es waren die einfachen Dinge, die ihm Freude bereiteten.

Als Chef des Konzerns hatte er natürlich einen Chauffeur,

aber wenn lange Fahrten anstanden, wurde an der Tankstelle Siegburg, kurz nach Düsseldorf, haltgemacht, und dann stieg der Chauffeur auf die Rückbank um, und Konrad setzte sich ans Steuer. Er liebte es, Auto zu fahren. Der Chauffeur auf der Rückbank – was für eine reizende Verwechslungskomödie! Fehlte nur noch, dass Konrad sich auch die Mütze des Chauffeurs aufgesetzt hätte, aber solche Späße leistete er sich nur im Karneval. Ansonsten war sein Humor subtil, immer mit einem kleinen Augenzwinkern.

Dazu eine Geschichte, die mein Sohn Christoph gern erzählte. Sie handelt davon, wie sein Vater ihn einmal auf den Waldfriedhof Linnep geführt hat, wo er eine Grabstätte für die Familie gekauft hatte, eine erstaunlich weitläufige Grabstätte, wie Christoph feststellte. Darauf Konrad: »Du kennst doch Gabriele, sie lädt ja immer gerne jemanden ein.«

So war Konrad. Er nahm mich, wie ich war. Generös, galant, liebevoll. Wer weiß, wie mein Leben verlaufen wäre, hätte ich Konrad nicht getroffen. Ich wäre vermutlich Journalistin geblieben und Redakteurin oder Korrespondentin geworden, denke ich. Auch weiterhin zog es mich zu Journalisten, Schriftstellern, Verlegern hin. Mit Axel Springer war ich befreundet, ebenso mit Rudolf Augstein. Anfänglich war es eine Sommerfreundschaft. Ich hatte Springer in Hamburg kennengelernt und wir verabredeten uns auf Sylt. In Archsum hatte ich das Erdgeschoss eines alten Kapitänshauses gemietet. Der kleine Christoph, seine Freundin Sybille und das Kindermädchen wohnten in einer Pension ein paar Häuser weiter, denn im Erdgeschoss war nicht Platz für uns alle. Und wer residierte im ersten Stock? Rudolf Augstein mit seiner hochschwangeren Frau Maria. Was für eine skurrile Situation: Tagsüber wohnte ich mit Augstein unter einem Dach, teilte mit ihm das Telefon, und abends ging ich mit Axel Springer aus.

Springer war es auch, der mir immer wieder Israel ans Herz legte. Die Aussöhnung zwischen Deutschen und Juden war sein persönliches Anliegen. Kein Deutscher hat sich stärker für Israel eingesetzt als er, und Israel zollte ihm über die Jahre mit vielen Ehrungen Anerkennung. Er besaß eine Wohnung in Jerusalem, liebte die Stadt, auch den umtriebigen Bürgermeister Teddy Kollek, den er mit Spenden unterstützte, wann immer das Geld für neue Projekte fehlte. Der Bau der Bibliothek des Nationalmuseums etwa. Springer steuerte mehrere Millionen bei, verzichtete jedoch bescheiden darauf, namentlich genannt zu werden. Der Name eines Deutschen auf der Gedenktafel an einem israelischen Museum, dazu war die Zeit noch nicht reif.

Von Teddy Kollek war oft die Rede. Er hat Jerusalem zu einer modernen Stadt gemacht. Das friedliche Zusammenleben von Juden und Arabern war sein Herzensthema. Er war ein Bürgermeister, den die Bürger liebten. Sein Name stand ganz normal im Telefonbuch, denn er wollte für jedermann erreichbar sein. Und dann natürlich sein außergewöhnliches Charisma. Legendär ist die Geschichte, wie er kurz vor Ausbruch des Zweiten Weltkriegs persönlich bei Adolf Eichmann vorgesprochen hatte, um ihn zur Freilassung von dreitausend Juden zu überreden. Eichmann willigte ein.

Ich wollte diesen Mann unbedingt kennenlernen. Ende der Sechzigerjahre ergab sich die Gelegenheit dazu. In Deutschland war eine wohltätige Stiftung ins Leben gerufen worden, benannt nach Bundespräsident Theodor Heuss. Ihre Aufgabe war es, ein Müttergenesungswerk in Herzlia zu fördern. Ich wurde zur Vorsitzenden ernannt. Das bewegte mich zu dem innigen Wunsch, nach Israel zu reisen. Konrad und Christoph begleiteten mich, und es wurde eine herrliche, unvergessliche Reise.

Ich besuchte das Heim, in dem Mütter umsorgt wurden,

die in Not geraten waren. In Düsseldorf hatte ich bereits heftig gesammelt, die Spenden und Geschenke brachte ich mit. Der Besuch war anrührend. Ich konnte mir ein Bild davon machen, wie sich die Frauen von ihren Sorgen erholten. Einige »Jeckel« – so wurden die deutschstämmigen Juden genannt – dankten auf Deutsch.

Nächste Station der Reise: Jerusalem. Die Magie der Stadt zog mich sofort in ihren Bann, bereits am ersten Abend, auf der Terrasse des Hotels King David. Der Ausblick auf die nächtliche Kulisse, die Kuppeln der Altstadt, die Minarette, die beleuchtete Stadtmauer – überwältigend. Im Hintergrund der Ölberg, dieses Wahrzeichen aus biblischer Zeit. Vom Ölberg aus zog Jesus in Jerusalem ein, im Garten Gethsemane am Fuße des Berges wurde er gefangen genommen, am Vorabend seiner Kreuzigung, und am Ölberg fuhr er in den Himmel auf. In Jerusalem war das Neue Testament plötzlich allgegenwärtig, auf Schritt und Tritt.

Teddy Kollek hatte von unserer Reise erfahren und Blumen ins Hotel geschickt. Unsere erste Begegnung war nur kurz, aber Liebe auf den ersten Blick. Er strahlte, als hätte er seit Jahren auf mich gewartet. Sein Fahrer zeigte uns die Stadt. Konrad wollte unbedingt die Golanhöhen sehen, daraufhin organisierte Teddy Kollek einen Hubschrauber.

Unser Kontakt riss nicht ab. Wir telefonierten fast täglich und verabredeten den nächsten Besuch. Der sollte bald stattfinden. In Jerusalem wurde das große Pessachfest gefeiert. Die ganze Stadt war herausgeputzt, auch im Hotel war ein fleißiges Großreinemachen im Gange, es wurde gewischt, geschrubbt, geschmückt – für den jüdischen Festtag hatte alles zu glänzen.

Teddy hatte seinen Besuch bei mir im Hotel angekündigt, und ich wollte ihm eine Überraschung bereiten. Ich baute auf der Terrasse meines Zimmers eine kleine Installation auf, keinen

Altar, keinen Tisch mit Opfergaben, einfach ein Gesteck aus Blumen und kleinen Fundstücken, umringt von Kerzen. Der Zimmerkellner, den ich um duftende Gewürze bat, fragte erstaunt, um was für eine Religion es sich da handelte und wofür ich Gewürze bräuchte. Ich antwortete:»Für einen Ehrengast.« Teddy war sprachlos, als er mein Zimmer betrat. Er hatte Tränen in den Augen. Noch nie, sagte er, habe ihm jemand einen solch liebevollen, fantasiereichen Empfang bereitet.

Später führte er mich durch die quirlige Altstadt mit den vielen kleinen Geschäften, die alle das Gleiche anboten: Spezereien, Kerzen, Andenken, Postkarten. Überall schlug dem Bürgermeister Herzlichkeit entgegen. Ich begleitete ihn zu einem armenischen Hochamt im Hof eines Klosters. Dann folgten diverse andere Stationen im Zuge der Feierlichkeiten. Als ich ihn nachmittags fragte, ob er sich nicht eine kleine Siesta gönnen wolle, antwortete er:»Siesta ist etwas für Leute, die nichts Besseres zu tun haben.« Er war ein unermüdlicher Mann, unablässig tätig im Dienste seiner Stadt Jerusalem, vormittags im Rathaus, nachmittags unterwegs auf den Straßen, überallhin, wo er gebraucht wurde. Oder er war auf Reisen rund um die Welt, um für Israel zu werben.

Teddy ließ mich ungern ziehen. Er genoss es, mich so lange wie möglich um sich zu haben. Immer wieder hatte er einen Einfall, der meine Abreise hinauszögerte, noch rasch ein Besuch in Bethlehem oder ein Abstecher an den See Genezareth. Zum Abschied schenkte er mir eine Kette mit einem geheimnisvollen Stein. Wir waren Freunde geworden.

In den folgenden dreißig Jahren sahen wir uns, sooft es ging. Unsere letzte Begegnung, da stand er kurz vor seinem 90. Geburtstag, fand in seinem Büro in der Jerusalem Foundation statt. Durch die Fenster hörte man die Artilleriegeschütze der Palästinenser. Sandsäcke schützten Straße und Gebäude. Wir schauten uns in die Augen und versuchten, keine Tränen zu vergießen. Es gelang uns beiden nicht.

*

Im Herbst 1969 änderte sich mein Leben. Der Vorstand des Henkel-Konzerns beauftragte mich mit dem Ankauf von Kunst. Die Vision einer beachtlichen Kunstsammlung steckte nicht dahinter, das ergab sich mit den Jahren. Zunächst waren es ganz pragmatische Gründe: In der Firmenzentrale gab es kilometerlange Flure, unzählige Büros, Konferenzzimmer, Gemeinschaftsräume, das Kasino und so weiter, die alle mit Pflanzen dekoriert waren, und Pflanzen, so die Rechnung, waren am Ende teurer als Zeichnungen oder Gemälde junger Künstler. Kunst war pflegeleichter. Sie musste nicht ständig umgetopft und gegossen werden. Als Vorstandsvorsitzender hatte Konrad natürlich besonders viel Verständnis für diese Rechnung, denn er wusste, dass sich damit ein Tätigkeitsfeld für seine Frau auftat, das ihr sehr am Herzen lag.

Ich nahm den Auftrag mit Begeisterung an. Endlich konnte ich mich so richtig der Kunst widmen. Galerien besuchen, Künstler in ihren Ateliers treffen, Ausstellungen besichtigen – nicht nur zum Spaß, sondern um Werke zu erwerben.

Ich ahnte noch nicht, dass mir die Kunstsammlung eines Tages eine Welt eröffnen sollte, in der ich zusammen mit Andy Warhol nach Mailand reisen würde, zur Premiere von Bob Wilsons *Salome* an der Scala. Geschweige denn, dass mich das Museum of Modern Art in New York zum Mitglied des Internationalen Beirats ernennen würde. Das alles hätte ich mir damals nicht träumen lassen.

Mein Radius war anfänglich Düsseldorf, spannend genug, denn das Rheinland war ja das Epizentrum der avantgardistischen deutschen Kunstszene. Joseph Beuys hatte einen Lehr-

96

stuhl an der Kunstakademie Düsseldorf, Gerhard Richter ebenfalls, Sigmar Polke gründete in einem leer stehenden Ladenlokal an der Kaiserstraße den »Kapitalistischen Realismus«. In Düsseldorf entstand die deutsche Fluxus-Bewegung, ihre Vorreiter waren Beuys, Nam June Paik, Dieter Roth und Daniel Spoerri. Auch die internationale Avantgarde war in Düsseldorf zu sehen, die neu eröffnete Kunsthalle präsentierte Werke von Sol LeWitt, Richard Long oder Claes Oldenburg. Im nahen Kassel gab es die »documenta«.

Ich saugte die kreativen Inspirationen auf wie ein Schwamm. Mein Blick für Kunst begann sich zu schärfen. Vor allem prägte ich mir alles ein, was ich sah. Glücklicherweise war mein Erinnerungsvermögen für Bilder groß.

Das lag vielleicht daran, dass mein Gehirn nicht mit Wissen vollgestopft war. Ich hatte meine mangelhafte Schulbildung ja oft bedauert, kein akademisches Wissen, kein logisches Denken, aber nun stellte sich heraus: Mein Gehirn hatte offenbar eine Alternative entwickelt, nämlich in Bildern und Assoziationen zu denken. Ich sah Akazienbäume und dachte an Albrecht Altdorfer und seine Landschaftsmalerei, ich sah Seerosen und dachte an Monet.

So assoziativ ging ich auch beim Ankauf der Kunstwerke vor. Für den Aufenthaltsraum der Direktion, dachte ich, seien Masken aus Papua-Neuguinea genau das Richtige. Ich ersteigerte sie bei einer Auktion in Bonn. Für den Neubau des Kasinos Süd kaufte ich bestimmte Werke von Frank Stella, Larry Poons und Gerhard Richter.

Wie kam die Auswahl zustande? Ganz einfach: Das war wie in der Liebe, ich habe mich in die Bilder verliebt. Kunst musste mich *ansprechen*, nur dann wollte ich sie auch erwerben.

In diesem Sinne habe ich mich nicht als klassische Kunstsammlerin empfunden. Sammeln kam mir zu profan vor, zu schnöde. Jagdinstinkt war mir fremd. Kunst in Lagerhallen horten – schrecklich. Vielmehr hielt ich es mit Willem Sandberg, dem berühmten Direktor des Stedelijk Museums in Amsterdam, der einmal gesagt hat:»Ich sammle nicht, ich bin doch kein Eichhörnchen.«

Kunst wird für die Augen des Betrachters gemacht. Bilder wollen gesehen werden. Insofern war es schön für mich, zu erleben, wie sich die Wände der Firma alsbald mit Bildern füllten. Für den kleinen Innenhof des Fritz Henkel-Hauses bat ich den amerikanischen Bildhauer George Rickey um eine Idee. Er schuf eine filigrane Skulptur aus Edelstahl, in einem Wasserbecken, von Bäumen umringt. Zauberhaft, wie sie sich leicht im Wind bewegte, eine poetische Attraktion.

Von Picasso stammt der Ausspruch:»Kunst wäscht den Staub des Alltags von der Seele.« Ein wahres Wort. Dass ausgerechnet die Mitarbeiter eines Konzerns, der für Waschmittel bekannt war, die reinigende Wirkung der Kunst zu spüren bekamen, lässt ein bisschen schmunzeln.

Haben sie die Kunstwerke verstanden? Gegenfrage: Wer von uns allen kann letztlich das Geheimnis eines Kunstwerks ergründen? Ein Menschenleben reicht nicht aus, die Pracht der Palladio-Fassaden oder der Veronese-Fresken zu erfassen. Geheimnisvoll die ultramarinblauen Monochrome von Yves Klein. Rätselhaft die Installation »Das Rudel« von Joseph Beuys, ein alter VW-Bus mit vierundzwanzig Holzschlitten, Filzdecken, Stablampen und Fett. Wahre Kunst gibt ihr Geheimnis nicht preis.

Beuys – oder das »Jüppchen«, wie sein Schüler Jörg Immendorff ihn liebevoll nannte – war ein wirklich visionärer Künstler, sehr charismatisch. Ein Erklärungsversuch für seine Kunst war, er sei einmal bei einem Flug über einer Steppe in Asien abgestürzt, und da hätten ihn Bauern mit Fett eingerieben und mit Filz gewärmt, was er seither künstlerisch verarbeite. Das sei auch der Grund für den Hut, den er immer trug. Angeblich sollte er seinen verwundeten Schädel vor Hitze und Kälte schützen. Wer weiß? Beuys war Anthroposoph, ihm war bewusst: Der Kopf muss zum Denken warm sein. Sein Leben wurde zum Kunstwerk. Der Hut wurde sein Markenzeichen, ebenso die Anglerweste, an deren Taschen dann und wann auch Hasenpfoten baumelten.

Ein anderer wichtiger Kopf in der Düsseldorfer Kunstszene war der Galerist Alfred Schmela. Er hatte ein untrügliches Auge für Qualität. Und er war »ausgeflippt«, wie man damals sagte. Von ihm kursierte die Geschichte, wie er sich bei einer Silvesterfeier im Hause des Sammlerehepaars Baum unvermittelt ins Badezimmer zurückzog, um kurz darauf halb nackt wieder aufzutauchen – den Körper mit Toilettenpapier umwickelt, den fülligen Bauch mit der Schminke von Frau Baum bemalt, die Beine im Tanzschritt zu einer Arie von Maria Callas. Die Gästerunde war begeistert.

Schmelas Galerie befand sich nahe der Kunsthalle, in einem weitläufigen Gebäude, das er sich von dem holländischen Architekten Aldo van Eyck hatte bauen lassen. Er zeigte die internationalen Avantgardisten der Gegenwartskunst wie Cy Twombly, Ellsworth Kelly oder David Hockney, aber auch die Klassiker der modernen Malerei wie Paul Klee, Georges Braque oder Jean Dubuffet.

Obwohl er Englisch nur gebrochen sprach, reiste er ständig nach Amerika, um nach neuen, spannenden Künstlern Ausschau zu halten. Sein Kommentar zu Kunst, die ihm gefiel: »Doll.« Diesen Ausdruck verstand man bald auch in New York, wo Schmela von arrivierten Kunsthändlern wie Leo Castelli oder Sidney Janis mit offenen Armen empfangen wurde. Einer seiner besten Freunde in New York war der Galerist Larry Rubin, Bruder des berühmten William Rubin, Chefkurator vom Museum of Modern Art. Das öffnete ihm auch die Tür zu Frank Stella und Jasper Johns.

Die künstlerische Luftbrücke zwischen Düsseldorf und New York war also geschlagen, und ich machte sie mir zunutze. 1970 verbrachte ich gleich vier Wochen in New York. Es war noch nicht die Stadt, die sie am Ende des Jahrzehnts allmählich werden sollte. In SoHo standen die meisten Gebäude leer, ehemalige Fabriken oder Industriebauten, in denen es weder Heizung noch fließendes Wasser gab, deshalb waren sie eigentlich unbewohnbar. Der Stadtteil war so heruntergekommen, dass sogar geplant war, Bulldozer einzusetzen und einen Highway quer durch das Viertel zu bauen. Zum Glück scheiterte das Vorhaben am Protest der Künstler, die sich dort inzwischen eingenistet hatten.

Donald Judd hatte sein Atelier an der Spring Street, Jasper Johns war ebenfalls nach SoHo gezogen. Robert Rauschenberg entwarf dort die Kostüme für avantgardistische Ballettgruppen. Komponisten wie Philip Glass oder Steve Reich gaben spontan Konzerte in ihren Lofts, eine moderne Art von Kammermusik. An der Prince Street hatte soeben die erste Kunstgalerie eröffnet, die Paula Cooper Gallery. Bald folgte Leo Castelli, am West Broadway. Geschäfte gab es nicht, die Künstler mussten zwanzig Blocks nach Chelsea hochlaufen, wenn sie einkaufen wollten. Die einzige Bar weit und breit war Fanelli's in der Prince Street.

Was für eine spannende neue Kunstszene!

*

Konrad interessierte sich eher für Drogerien und Supermärkte. Kaum in New York angekommen, stürzte er sich in die Geschäfte und hielt nach Novitäten Ausschau. Er kaufte Zahnpasta, Seifen, Klebstoff, Reinigungsmittel. Der amerikanische Markt begeisterte ihn, er studierte ihn neugierig, um Nischen für Henkel-

Produkte zu entdecken. In Hoboken, New Jersey, besuchten wir eine Fabrik, die sich auf Hydrierung von Fettsäure spezialisiert hatte. Mich faszinierte Hoboken eher, weil dort Frank Sinatra geboren war.

Zum Glück fand Shopping nicht nur in Drogerien statt. Bei Bergdorf Goodman kaufte Konrad mir meinen ersten Pelzmantel und ein Abendkleid von Oscar de la Renta. Für sich selbst erstand er Strümpfe und Hemden bei Brooks Brothers.

Wir genossen die Anonymität der Weltstadt. In Düsseldorf kannte uns jeder, in New York waren wir zwei unter vielen, locker und frei. Wir gingen ins Kino, in Galerien, in Museen.

Ich besuchte Künstler in ihren Ateliers, Roy Lichtenstein, Jules Olitski, Larry Poons. Damals begann auch meine Bewunderung für Frank Stella. Ich kaufte eine frühe Arbeit von ihm, eine imposante blaue Leinwand im Stil der »Black Paintings«, die seinen Ruhm begründeten. Er war ein wunderbarer Mann. Wir wurden auf Anhieb Freunde.

Auch Konrad und Frank mochten sich gern. Sie teilten dieselbe Leidenschaft für Autos. Frank liebte Ferraris. Seinen Testarossa fuhr er regelmäßig zu schnell, die Blitzkästen hatten ihre wahre Freude an ihm. Ein Gericht verurteilte ihn einmal zu der Strafe, zwei Wochen lang in einem College über Kunst zu dozieren. In der Tat eine Strafe für den wortkargen Mann.

Konrad schätzte Franks Kunst, aber auch seinen Scharfsinn. Beide waren sie im Kern Intellektuelle. Der Chemiker Konrad und der Konstruktivist Frank, zwischen ihnen herrschte bald eine symbiotische Vertrautheit.

Frank hatte sein Studio in Downtown Manhattan, zu Hause war er in East Village. Dort wohnte er mit seiner reizenden Frau Harriett und den Söhnen. Wir waren gern zu Gast dort, umgekehrt besuchten uns die Stellas häufig in Düsseldorf oder Hösel. Unsere Gespräche kreisten fast nie um Kunst, wir unterhielten uns über Themen des Alltags, über die Familie, über das Leben, so wie Freunde das tun. Wenn man Frank nach seiner Arbeit ausfragte, winkte er ab: »You get what you see.«

Auskunft über seine Kunst gab er indirekt, auf Umwegen, in Vorträgen über andere Künstler. Seine Lesungen an der Universität Harvard, zum Beispiel. Da beschrieb er, wie Caravaggio als erster Maler des frühen Barock die Malerei aus der Zweidimensionalität befreit hatte. Die Körper seiner Figuren, sagte er, seien geradezu skulptural zur Geltung gekommen. Sprach Stella da nicht auch von sich und seiner Malerei? Auch in Stellas Kunst herrschte ja nicht die statische Ruhe eines geschlossenen Systems. Seine Figürlichkeit bestand aus abstrakten Akteuren, sie lebten in myriadischen Farbverschlingungen und tanzten durch geometrische Muster, Formen, Linien. Konstruktivismus im Dialog mit dem Kosmos. Bei aller Strenge regierte in Stellas Fantasie der Spieltrieb. Er war ein Künstler, der intellektuell und eloquent argumentieren konnte, aber er war ein sinnlicher Künstler.

Wann immer ich Konrad ein Werk von Stella vorlegte, das ich zu kaufen beabsichtigte, nickte er. Bei Zeichnungen von Matisse und Picasso nickte er ebenfalls. Ansonsten runzelte er oft die Stirn. Konrad war kein visueller Mensch. Seine Mutter war zwar die Tochter eines Bildhauers, und in seinem Elternhaus hingen Gemälde von Lovis Corinth, von Tizian und Canaletto, und trotzdem: Wie in so vielen protestantischen Familien zählte das Wort mehr als das Bild. Es wurde gelesen. Man ging ins Theater. Konrad verfolgte meine Liebe zur bildenden Kunst stets mit Neugier, aber auch mit Skepsis.

»Du bist die Ehefrau eines mittelständischen Unternehmers«, sagte er immer, wohl als Warnung gemeint, wenn meine Ankäufe in die kostspielige Sphäre des Kunstmarkts vorstießen.

Dabei war das fern der Wahrheit. Die Firma Henkel war im Begriff, unter Konrads Führung zu einem Weltkonzern zu werden. Die Siebzigerjahre waren eine einzige Erfolgsgeschichte. Der »Pritt«-Alleskleber wurde erfunden, verkauft über hundert Millionen Mal im Jahr. »Persil« erreichte den Rekordumsatz von jährlich 125 000 Tonnen, allein in Deutschland. Das Werksgelände in Düsseldorf wuchs und wuchs und umfasste bald eine Fläche von 1,4 Millionen Quadratmetern. Die Produktpalette eroberte den Weltmarkt. Es kam das Jahr, da waren mehr als die Hälfte der fünfzigtausend Henkel-Angestellten im Ausland beschäftigt. Henkel-Produkte wurden rund um den Globus verkauft.

Ich war sehr stolz auf meinen Mann. Als Wissenschaftler hatte er im Labor der Firma, im weißen Chemikerkittel, begonnen. Gern wäre er Professor geworden, am liebsten Professor an einer amerikanischen Universität; das war sein Lebenstraum, schon immer. Doch das Schicksal hatte anders entschieden. Es übertrug ihm die Verantwortung, die Familienfirma in die globalisierte Welt zu lenken. So führte er das Leben eines Managers, was ihm eigentlich nicht entsprach. Aber er nahm die Rolle an und füllte sie aus. Auf Augenhöhe verkehrte er mit Industriellen wie Gianni Agnelli. David Rockefeller wurde sein Freund.

War er glücklich? Die Frage gestattete er sich nicht. Die Verantwortung für die Firma hatte Vorrang vor privaten Befindlichkeiten. Er beherzigte das Motto, das sein Großvater, der Firmengründer Fritz Henkel, geprägt hatte: »Firma geht vor Familie.«

*

Im Frühjahr 1972 wurde mir die Ehre zuteil, Mitglied im Internationalen Beirat des Museum of Modern Art zu werden. Das verdankte ich David Rockefeller, dem Vorsitzenden des Vorstands.

Nur zwei andere Deutsche saßen in dem Gremium: Peter Ludwig, der überragende Kunstkenner, vielleicht der bedeutendste Kunstsammler des Jahrhunderts, und Franz Prinz von Bayern, auch er eine angesehene Persönlichkeit in der Kunstwelt.

Zu meinen Aufgaben gehörte es, das europäische Komitee mit Referaten über die deutsche Kunstszene auf dem Laufenden zu halten. Prinz Franz war der Vorsitzende des Komitees, er repräsentierte es auch auf Reisen gegenüber den Gastgebern in aller Herren Länder. Wie alles im Leben tat er das mit lächelndem Understatement und der Souveränität der königlichen Hoheit. Ihn umgab die Aura von Ludwig III., dem letzten König von Bayern, dessen Urenkel er war. Außerdem sah er gut aus. In New York umschwärmten ihn die Frauen wie Motten das Licht.

Peter Ludwig ließ sich an den Sitzungen selten blicken, auch zu den gesellschaftlichen Abendveranstaltungen erschien er nicht. Lieber traf er sich mit Kunsthändlern und Künstlern, um seine Sammlung auszubauen. Man nannte Ludwig den »Koloss von Koblenz«. In Koblenz war er geboren, in die Aachener Firma Monheim hatte er eingeheiratet. Das Vermögen, das die Firma mit der Herstellung von »Trumpf«-Schokolade verdiente, investierten er und seine Frau Irene in Kunst. Ihre umfangreichen, exquisiten Sammlungen waren bald auf zwanzig Museen verteilt, die alle den Namen Ludwig trugen. Das Ehepaar lebte zurückgezogen in Aachen, bestellte Kunsthändler aus aller Welt zu sich ein, kaufte, kaufte, kaufte. Mit untrüglichem Blick für Qualität, aber geradezu unersättlich. Mehr als zwölftausend Kunstwerke sollten es im Laufe ihres Lebens werden.

Peter Ludwig war ein verschlossener, verschwiegener Mann. Niemand, nicht einmal der berühmte New Yorker Kunsthändler Leo Castelli, der mit ihm über viele Jahrzehnte hindurch geschäftlich verbunden war, konnte sich rühmen, sein Freund zu sein.

Ganz anders Franz Prinz von Bayern, ein liebenswürdiger Mensch mit einem großen Freundeskreis, den er zu Weihnachten traditionell mit Sachertorten oder Baumkuchen beglückte. Seine Wohnung in der Münchener Schackstraße: eine wahre Schatztruhe. Die Wände waren bedeckt mit Arbeiten von Beuys, Baselitz oder Blinky Palermo. Im Salon befand sich ein längliches Aquarium mit exotischen Fischen. Einmal war das Becken undicht, und das Wasser tropfte in die Wohnung von Hubert Burda, was zum Glück nicht zu Verstimmungen führte.

Sie waren angenehme Hausgenossen, der Prinz und der Verleger Hubert Burda, beide Kunstsammler. In die Quere kamen sie einander nie, sie jagten in verschiedenen Sphären. Prinz Franz hat bedeutende Geschenke an die Pinakothek der Moderne in München gemacht. Sein Terminkalender war voll wie der eines Ministerpräsidenten. Zum Ausgleich hatte er seine Freunde und seinen königlich-bayerischen Kampfdackel Wastl, den er gern auf einem Samtkissen umhertrug, um ihm das Laufen zu Fuß zu ersparen. Wastl durfte alles. Natürliche Feinde gab es nicht, Wastl wurde dicker und dicker.

Warum haben große Männer so gerne Dackel, die klein sind und viel kläffen? Ich habe viel darüber nachgedacht, und trotzdem bin ich zu keinem Ergebnis gelangt. Mein Freund, der Dirigent Enoch zu Guttenberg, hatte einen Dackel, dem er immer den prominentesten Platz am Tisch zuwies. Der Dackel thronte auf einem eigenen Stuhl am Kopfende. Als Thomas Alva Edison, der Erfinder des Telegrafen, einmal gefragt wurde, wie er das Geheimnis der neuen Technologie auf einfache Weise erklären könne, antwortete er: »Stellen Sie sich vor, ein Dackel wäre so lang, dass er von New York bis nach London reicht. Wenn Sie ihn in New York in den Schwanz kneifen, so jault er in London. Das ist Telegrafie. Und drahtlose Telegrafie ist dasselbe ohne Dackel.«

Doch zurück zu Wastl, Prinz Franz, New York.

Die Erinnerung an das Mädchen, das in seiner Kindheit

stundenlang vor dem Gemälde »Tizians Tochter Lavinia« geträumt hatte, schimmerte in der Ferne, wann immer ich die Eingangshalle des berühmtesten Museums der Welt betrat, in dem ich nun mitwirken durfte.

Der Beirat tagte zweimal im Jahr in New York. Stets damit verbunden waren interessante Besuche in Privathäusern, die über bedeutende Kunstsammlungen verfügten. Die Mitglieder und die Mäzene, viele von ihnen steinreich, wie zum Beispiel John D. Rockefeller III, stiegen in Busse, die morgens am Hotel Pierre bereitstanden.

Gelegentlich war der Beirat auch bei uns in Hösel oder in Kufstein zu Gast. Wir mussten allerdings eine kleine logistische Herausforderung bewältigen, und die bestand darin, dass der Lehenhof bloß eine einzige Gästetoilette hatte. Für 135 Gäste. Wir lösten das Problem, indem der Bus zunächst in Weyarn Station machte, wo es eine hübsche Barockkirche mit Engeln von Ignaz Günther zu besichtigen gab. Das Wirtshaus nebenan diente als stilles Örtchen. Am Lehenhof angekommen, stiegen die Gäste aus und schritten die von Thujabäumen gesäumte Allee zum Haus hinauf, begleitet von Musik aus Alphörnern. Erlebnisse wie diese machten uns zu einer eingeschworenen Gemeinschaft.

Dank meiner Verbindung zum Museum, überhaupt dank meiner vielen Besuche in New York habe ich viele wunderbare Freunde gewonnen. Als ich 1981 mit einer schweren Verbrennung in Manhattan im Krankenhaus auf der Intensivstation lag, kam als erster Besucher Jasper Johns. Gefolgt von einem rührend besorgten Andy Warhol. Leo Castelli rief täglich an und schaute vorbei. Frank und Harriet Stella kümmerten sich liebevoll um mich. Harriet, die Kinderärztin war, fragte mich: »Wann kannst du endlich nach Hause?« Damit meinte sie ihr Haus in East Village, wo ich dann auch einzog, um mich zu erholen. Ihre Frage rührte mich zu Tränen.

Mit Jasper Johns befreundet zu sein, können sich vermutlich nur drei Menschen auf der Welt rühmen. Marion Javits gehörte dazu, die Frau von Jack Javits, dem Senator von New York, dessen Wohnung auf der Park Avenue eine Bühne des gesellschaftlichen Lebens war. Der zweite Mensch war Leo Castelli, sein Händler. Und meine Wenigkeit. Ich sage das nicht ohne Stolz. Leo Castelli habe ich schon öfter erwähnt. Kein Wunder, wie könnte man von moderner Kunst sprechen, ohne seinen Namen zu nennen? Leo Castelli war der berühmteste Galerist der Welt. Er selbst winkte ab, wenn man ihn darauf ansprach. »Jeder kann einen Künstler entdecken«, sagte er. »Das Geheimnis liegt darin, den Künstler zu dem zu machen, was er ist, und ihm Bedeutung zu verleihen.«

Das konnte Castelli wie kein anderer. Er hatte Jackson Pollock, Roy Lichtenstein und Andy Warhol gefördert. Alle wichtigen Künstler der Gegenwart stellten bei ihm aus, von Cy Twombly bis Frank Stella, von Richard Serra bis Bruce Nauman. Seine erste Galerie hatte er noch zu Hause im Wohnzimmer eingerichtet, angespornt von seinen Freunden Jasper Johns und Robert Rauschenberg. Dann eröffnete er seine Räume in der vornehmen Upper East Side, später in SoHo, am West Broadway. Im selben Haus, ein Stockwerk höher, hatte auch Ileana Sonnabend ihre Galerie, Leos Exfrau. Sie waren gut miteinander befreundet, aber geschäftlich waren sie erbitterte Konkurrenten. Die Adresse avancierte auf Anhieb zur Pilgerstätte des Galerientourismus und zum Knotenpunkt des internationalen Kunsthandels.

Castellis Etage war imposant: heller Parkettboden, weiße Wände, raffinierte Lichtinstallationen, gusseiserne Säulen, Bänke. Der zweite Raum, schmaler, führte zum Zentrum der Macht, abgetrennt mit einer roten Kordel. Castelli dort zu treffen, glich einer Erhebung in den Adelsstand.

Leos Büro war minimalistisch eingerichtet, es herrschte

strenge Ordnung, auch auf dem schwarzen Schreibtisch lag nur sein kleiner Notizblock. Der Stil seiner Galerie war einzigartig, fortan versuchten alle jungen Kunsthändler diesseits und jenseits des Ozeans, das Ambiente zu kopieren, einschließlich der roten Kordel und frischen weißen Blumen.

Eine ganz besondere Ehre war es, mittags mit ihm im Da Silvano zu speisen. Er hatte dort *seinen* Tisch, allzeit reserviert für *ihn*. Ich war häufig zu Gast, und jedes Mal war ich aufs Neue fasziniert von der Weltgewandtheit dieses Mannes: Unter anderem sprach er fließend Englisch, Italienisch, Französisch, Griechisch und Deutsch. Ich konnte Leo stundenlang zuhören. Er erzählte von seiner Kindheit in Triest, von Reisen nach Rom und Florenz, wo er erstmals mit Kunst in Berührung gekommen war, von der Zeit in Mailand, wo er Rechtswissenschaften studiert hatte, oder von den Jahren in Paris, wo er ins Bankgeschäft eingestiegen war, eine gute Lehre, bevor er dann Kunsthändler wurde und seine erste Galerie an der Place Vendôme eröffnete.

Paris, so Leo, stand damals, Ende der Dreißigerjahre, im Bann der großen Klassiker, man redete über Picasso, über Braque, über Gris. Niemand redete über Duchamp, erst recht nicht über Kandinsky. Klee kannte man nicht; wenn man ihn erwähnte, sagten selbst gebildete Leute: »Wer ist Klee?«

Eine Kunstszene existierte zu Picassos Zeiten gar nicht, auch Medienrummel um Kunst gab es nicht. Kunsthändler waren keine Berühmtheiten, außer vielleicht Daniel-Henry Kahnweiler, Picassos Galerist.

Wir unterhielten uns darüber, wie sich die Zeiten geändert hatten, wie er in New York früh mit den Protagonisten der Moderne in Berührung kam, Mark Rothko, Franz Kline, Willem de Kooning – auch für ihn noch eine neue, fremde Welt.

Dazu eine Anekdote, die Leo belustigt zum Besten gab: Er hatte zum ersten Mal die abstrakten Expressionisten ausgestellt,

1951, und bei einem Bild von Jackson Pollock wusste man nicht, was oben und unten war, es war unsigniert. Leo hängte es vertikal auf. Am Tag der Eröffnung kam Pollock, lachte laut auf und sagte, das Bild hänge verkehrt herum. Horizontal wäre richtig gewesen, aber dazu war kein Platz mehr an der Wand. Pollock winkte ab und ließ es hängen.

Das Museum of Modern Art war für Leo das wahre Zentrum der modernen Kunst; er hatte die Entstehung ja miterlebt. Geradezu schwärmerisch erinnerte er sich an die Zeiten, als Alfred Barr, der Gründungsdirektor, die Sammlung aufgebaut hatte. »Sogar heute«, sagte er, »wo es überall Museen für Moderne Kunst gibt, ist dieses Museum der wichtigste Platz zum Studium der Moderne. Wie ein riesiger Tempel mit den Meisterwerken des 20. Jahrhunderts.«

Philip Johnson, der Architekt des MoMA, und Leo Castelli waren eng befreundet. Jahre später, da waren beide schon hochbetagt, lebten beide um die Wette, jeder hatte das Ziel, den anderen zu überleben. Castelli starb als Erster. Mit ihm verlor die New Yorker Kunstszene ihren Leuchtturm. Sein Tisch im Da Silvano blieb fortan – symbolträchtig – unbesetzt.

Auch für mich war das MoMA ein magischer Ort. Es ist bis heute unvergleichlich, aber eigentlich sollte man Museen auch gar nicht vergleichen. Der Louvre in Paris hat seine eigene glanzvolle Aura, wieder ganz anders ist die Pracht der Uffizien in Florenz oder das von Frank Gehry erbaute Guggenheim-Museum in Bilbao.

Was treibt uns ins Museum? Was lässt uns Schlange stehen, vielleicht sogar eigens anreisen für eine Ausstellung? Es ist, denke ich, das Erlebnis der menschlichen Kreativität in ihrer Vielseitigkeit. Ein Fest für die Augen. Die Freude an der Kunst, die in jeder Epoche so unterschiedlich zum Ausdruck gebracht wurde, außerdem in jeder Kultur so verschieden, in Afrika, China, Europa.

Unglaublich, allein in Deutschland gibt es mehr als sechstausend Museen aller Art. In einer Zeitung stand einmal, dass man sechzehn Jahre brauche, um sämtliche Museen des Landes zu besuchen, wenn man Museen für Technik, Naturkunde, Film, Fotografie und Puppen einschließt.

Museen haben in meinem Leben eine wichtige Rolle gespielt. Die Ausstellung »Das Jahrhundert Tizians« im Pariser Grand Palais oder die Kubismusausstellung »On Classic Ground« in der Tate Gallery in London oder die Matisse-Retrospektive im MoMA – sie liegen Jahrzehnte zurück, trotzdem sind sie mir so präsent, als wären sie gestern gewesen.

Bestimmte Kunstwerke habe ich immer wieder besucht, so wie ich guten Freunden regelmäßig Besuche abstattete. Keine Biennale in Venedig, ohne dass ich einen Abstecher zur Franziskanerkirche Santa Maria Gloriosa dei Frari gemacht hätte, wo mich die »Assunta« erwartete, eines der schönsten Werke von Tizian. Oder ein Besuch bei Tintoretto, in der Scuola San Rocco, auch wenn es nur eine Stunde war, aber wir sahen uns wieder, darum ging es. Ich ließ mir auch keine Gelegenheit entgehen, auf einen Espresso beim Feldherrn Bartolomeo Colleoni vorbeizuschauen, er hoch zu Ross, von Verrocchio in Bronze gegossen, ich in seinem Schatten im Café.

Schon der große römische Redner und Philosoph Cicero hatte von der »geheimnisvollen Kraft alter, oft gesehener Bilder« gesprochen, er meinte aber, dass »die Dinge, die unseren Sinnen am meisten Genuss bereiten, uns auch am schnellsten übersättigen«. Übersättigt? Ich war nie übersättigt von den Dingen, die meinen Sinnen am meisten Genuss bereiteten. Ich habe mich darüber einmal lange mit dem berühmten Kunsthistoriker Ernst Gombrich unterhalten, der Cicero gern zitierte. Wir waren in dem Punkt unterschiedlicher Meinung, aber das machte nichts, schließlich vertrat er die Ansicht: »Es heißt zwar, dass sich über den Geschmack nicht streiten lässt, aber man könnte auch sagen, dass es sich eigentlich nur über Geschmack streiten lässt.« Gombrich war mein Tischherr im Salon von Graf und Gräfin Wolff Metternich, auf Schloss Adelebsen. Ein sehr beeindruckender Mann. Er war kurz vor dem Anschluss Österreichs nach London emigriert, und am Warburg Institute wurde er der weltweit anerkannte Kunsthistoriker, der zu guter Letzt von der Queen den Ritterschlag erhielt. Ich fragte ihn, wann er überhaupt zum Lesen komme, vielbeschäftigt, wie er war. Seine Antwort: »Ich lese nicht mehr, ich schreibe.«

Moderne Kunst war ihm zuwider. Legendär ist sein Ausruf: »Die Zeit ist gekommen, Nein zu sagen!« Nachdenkenswert auch sein grundsätzlicher Standpunkt: »Genau genommen gibt es die Kunst gar nicht. Es gibt nur Künstler.«

*

Ich möchte das Kapitel mit Abdul schließen.

Abdul war viele Jahre hindurch unser Butler in Düsseldorf. Er hatte meinen älteren Bruder Walter, der in Karatschi für die Firma Krupp tätig war, begleitet, als dieser nach Deutschland zurückkehrte. Wir nahmen den kleinwüchsigen, dunkelhäutigen Mann in unsere Dienste. Seine Herzlichkeit war rührend.

Abdul hatte nur einen Zahn. Erste Maßnahme also: ein Gebiss. Unser Zahnarzt fertigte es an. Zweite Maßnahme: Deutsch lernen. Abdul sprach ein wenig Englisch, aber bald lernte er ausreichend Deutsch, um im Haushalt zurechtzukommen. Konrad war sein Ein und Alles, er liebte ihn wie einen Vater. Ihn sprach er mit »Sahib« an, ich war seine »Memsahib«. Das Essen servierte er in der klassischen Uniform der italienischen Kellner, hellgrünes Jackett mit Messingknöpfen, im Winter dunkelgrün.

Einmal im Jahr reiste er für einen Monat nach Pakistan. Dort wurde er sofort krank. Zurück in Düsseldorf erholte er sich.

Er verließ nur selten das Haus, und wenn, dann um in dem indischen Kino am Bahnhof stundenlange Dramen von Liebe und Leid anzuschauen. Aufgewühlt kam er zurück nach Hause und mochte für den Rest der Woche nicht mehr ausgehen. In letzter Zeit machte uns sein gesundheitlicher Zustand Sorgen. Wohl weil er schon als Kind wegen Hunger geraucht hatte, litt er an progressiver Arteriosklerose. Und er rauchte auch weiterhin viel zu viel, was seinen ohnehin kranken Körper schwächte. Unvorstellbar war der Gedanke, dass seine Tage gezählt sein könnten. Aber sind nicht unser aller Tage gezählt?

Ich hatte das Gemälde »Der Wanderer über dem Nebelmeer« von Caspar David Friedrich vor Augen, ein Sinnbild des Lebens. Ein Wanderer steht im Gebirge, sein Blick ist auf die fernen Gipfel gerichtet. Über ihm bricht die Sonne durch die Wolken, unter ihm tut sich der Abgrund auf, verschleiert im Nebel. Höhen und Tiefen, Diesseits und Jenseits. Der Nebel birgt das Künftige, das dem Auge des Sterblichen entzogen ist. Wir ahnten nicht, dass uns eine Zeit bevorstand, die dem Gemälde gleichen sollte.

4.

Und so, wenn mich
nicht alles täuscht,
ist das Leben

Hundert Jahre Henkel – im Juni 1976 stand das Jubiläum an. Es sollte gebührend gefeiert werden. Weiße Fahnen flatterten entlang der Henkelstraße.

Fritz Henkel, Konrads Großvater, hatte das Unternehmen 1876 gegründet, Firmensitz in Düsseldorf war eine leer stehende Seifenfabrik, anfangs zur Miete. »Henkels Bleich-Soda« war sein erster durchschlagender Erfolg. Es lag in handlichen Päckchen im Regal, anders als alle anderen Waschmittel, die es nur lose zu kaufen gab. Im Jahr 1900 wurde Holthausen der Standort der Henkel-Werke; daran hat sich bis heute nichts geändert. 1907 kam »Persil« auf den Markt, beworben als »erstes selbsttätiges Waschmittel der Welt«. 1918 folgte »Sil«, 1920 »Ata«. So begann die Geschichte, und in hundert Jahren war aus der Firma ein globales Markenimperium geworden.

Das war wahrlich ein Grund zum Feiern. Mir oblag die Aufgabe, den Festakt zu gestalten. Es war mir gelungen, einen alten Kolonialwarenladen aus der Jahrhundertwende zu retten, kurz bevor er abgerissen werden sollte. Ich ließ ihn im Kasino wieder aufbauen und mit Henkel-Produkten aus der damaligen Zeit bestücken. Eine originale Waschküche, in der die Produkte früher zum Einsatz kamen, machte die Retrospektive komplett. Historische Firmenplakate schmückten die Wände.

Doch dann die Katastrophe: Mitten in den Vorbereitungen zu dem Fest, das ein Höhepunkt unseres Lebens sein sollte, starb

Konrads geliebte Tochter Andrea. Das festliche Datum wurde zu einem der bittersten Tage unseres Lebens. Andrea war an Leukämie erkrankt, doch wir hatten gehofft, dass sie in der Frauenklinik in München wieder gesundete. Kurz zuvor hatte sie noch ihr Baby zur Welt gebracht, die kleine Johanna, Konrads Enkelkind, meine Patentochter. Ihr Bettchen war in das Krankenzimmer gestellt worden, damit Andrea ihr Kind sah, ein Anblick, der ihr Kraft geben sollte. Konrad hatte sein Rückenmark angeboten, um den bösen Blutkrebs zu besiegen, Chemotherapie, Bestrahlung, alles war versucht worden.

Plötzlich kam die Nachricht von ihrem Tod. Christoph, ihr Mann, hatte ihre Hand gehalten, als sie starb. Ihre letzten Worte: »Ich muss jetzt durch den langen Tunnel, und dann kommen wir nach Kufstein.«

Erschütternd.

Christoph stand vor uns, fassungslos. »Was soll ich denn jetzt machen?«, fragte er. Die kleine Johanna und ihre beiden älteren Geschwister ohne Mutter, er nunmehr Witwer.

Konrad war untröstlich. Ich sah den großen, starken, aufrechten Mann zum ersten Mal schmerzgebeugt, ein Vater, der seine Tochter verloren hat. Grenzenlose Trauer.

Und nun? Am nächsten Tag war der Festakt anberaumt. Feierlichkeiten. Bunte Luftballons, hohe Gäste, viele Reden. Konrad besann sich einmal mehr auf das Motto der Henkels: »Firma geht vor Familie.« Kein Wort zu Dritten über die private Tragödie, Konzentration auf die Pflicht, und die bestand in der Verantwortung, das Jubiläum als Konzernchef und Enkel des Firmengründers würdig zu repräsentieren. Ich wollte wenigstens ein schwarzes Kleid tragen, Konrad bestand auf Weiß.

Der Festakt fand statt. Bundespräsident Walter Scheel und seine Frau Mildred nahmen teil, Ministerpräsidenten, Minister, Manager, Mitarbeiter, allein sämtliche Zweige der Familie

Henkel umfassten über hundert Personen. Konrad trat ans Pult. Ich hatte Angst, er würde mitten in seiner Ansprache in Tränen ausbrechen. Doch nein, seine Präsenz war vorbildlich. Anschließend eröffnete er das Sportzentrum Niederheid im Süden Düsseldorfs, ein Siebzehn-Millionen-Geschenk an die Stadt.

Am Tag darauf wurde Andreas sterbliche Hülle nach Düsseldorf überführt und in unserem Familiengrab auf dem Waldfriedhof Linnep beigesetzt.

Das Schicksal wollte es, dass am Todestag von Andrea auch mein alter Freund Reinhard Raffalt starb. Zwei geliebte Menschen weniger auf der Welt.

Unsere »Chami 9« wurde ein Trauerhaus, ebenso das Haus nebenan, wo Christoph mit den drei Kindern wohnte. Das Leben war dunkel ohne Andrea. Es wurde nicht mehr gelacht. Wir zogen uns zurück, sahen kaum Freunde.

Konrad war nicht mehr derselbe Mensch wie zuvor. Der Tod seiner Tochter hatte ihm das Herz gebrochen. Kurz darauf bekam er seinen ersten Herzinfarkt. Sein Herz wurde nie mehr gesund, es blieb all die nächsten Jahre schwach, anfällig. Hinzu kamen die Sorgen um Abdul, unseren Butler, der Konrad so sehr liebte. Er wurde durch die schrecklichen Ereignisse in Mitleidenschaft gezogen. Nach Konrads Herzinfarkt bekam er selber Herzprobleme; so weit ging die Identifikation mit seinem Dienstherrn. Mehrfach wurde er im Krankenhaus operiert. Im Sommer begleitete er uns auf den Lehenhof in Tirol. Die letzte Herzattacke überlebte er nicht. Er starb in meinen Armen. Er wurde nur achtundvierzig Jahre alt.

Die pakistanische Familie wollte ihn in seiner Heimat beerdigen und verlangte seinen Rücktransport, im Sarg mit Fenster. Doch ich konnte Abdul nicht wegschicken wie ein Postpaket. So hielten wir die Trauerfeier im Beerdigungsinstitut in Düsseldorf ab. Seine deutsche Familie war versammelt, Sarg und Raum waren geschmückt, Räucherstäbchen sorgten für orientalischen Duft. Meine Ansprache war offenbar sehr bewegend, kein Auge blieb trocken. Abdul war immer traurig zurückgeblieben, wenn wir das Haus verließen, nun waren wir traurig, dass er uns verlassen hatte, für immer.

Das Gemälde von Caspar David Friedrich, »Der Wanderer über dem Nebelmeer«, kam mir wieder in den Sinn. Das Leben, eine Wanderung zwischen Höhen und Tiefen, zwischen Gipfel und Abgrund.

Würden wir je wieder die Unbeschwertheit des Lebens genießen können, so wie damals, in den ersten Jahren auf Sardinien, in den ersten Jahren in New York?

Ich dachte an die Zeit zurück, als Andrea den jungen Jura-Studenten Christoph in Berlin kennen gelernt hatte, in meinem Beisein, ich richtete ihre erste Studentenbude an der Kantstraße ein. Und ich musste an Reinhard Raffalt denken, an meine Besuche in Rom, unvergessliche Streifzüge durch die Ewige Stadt.

Was bedeutet schon »ewig«?

Der Tod hatte unser Leben heimgesucht. Wir haderten mit dem Schicksal, wohlwissend, dass der Tod zum Leben gehört. Der spanische Dichter Federico García Lorca hat das schön ausgedrückt: »Unser Leben ist der Fluss, der sich ins Meer ergießt, das ›Sterben‹ heißt.«

*

Herbst 1977. Es war ein historischer Herbst, ein Herbst, der uns alle betraf und betroffen machte, ein Herbst, der Geschichte schrieb: der *Deutsche Herbst.*

Schon im Frühling und im Sommer des Jahres hatten schreckliche Ereignisse ihre Schatten vorausgeworfen, wieder schwebte der Tod über uns, wieder schlug er wie ein Blitz ein, nun aber in einer neuen, ungeahnten Dimension: Sterben durch Mord. Das ganze Land war betroffen, Deutschland im Belagerungszustand.

Eine Gruppe von Terroristen verübte Anschläge auf führende Persönlichkeiten der Republik. Sie nannte sich »Rote Armee Fraktion«, die *Bild*-Zeitung nannte sie »Baader-Meinhof-Bande«. Erbarmungslose Mörder – das waren sie.

Im April hatten sie Generalbundesanwalt Siegfried Buback ermordet. Im Juli war der Vorstandssprecher der Dresdner Bank ihr Opfer geworden, unser Freund Jürgen Ponto. Fünf Schüsse in die Brust, eine Hinrichtung. Ponto hatte die Haustür geöffnet, weil die Schwester seiner Patentochter, Susanne Albrecht, um Einlass bat, mit einem Blumenstrauß. Er konnte nicht ahnen, dass sie das Killerkommando anführte.

Dann kam der grausame Herbst. Im September entführten Terroristen Hanns-Martin Schleyer, den Präsidenten des Bundesverbandes der Arbeitgeber. Seine vier Begleiter wurden auf der Stelle erschossen, er selbst gefangen gehalten, um die Freilassung der Gesinnungsgenossen zu erpressen, die in Stammheim inhaftiert waren.

Bundeskanzler Helmut Schmidt berief den Großen Krisenstab ein, mit Mitgliedern aller Fraktionen. Es war bewundernswert, mit welcher Besonnenheit er dem Terror die Stirn bot. Er bewies Nervenstärke, auch als die Mörderbande die Lufthansamaschine »Landshut« entführte, um ihrer Erpressung noch mehr Gewicht zu verleihen. Siebenundachtzig Menschen waren an Bord in Geiselhaft. Der Kapitän wurde erschossen. Doch Schmidt blieb unbeirrbar: Der Staat lässt sich nicht erpressen.

Am 18. Oktober wurde die »Landshut« gestürmt, sämtliche noch verbliebenen Geiseln kamen mit dem Leben davon. Unmittelbar darauf töteten sich die Drahtzieher der Verbrechen in ihren Zellen. Die Rache der Erpresser: Sie erschossen noch am selben Tag Hanns-Martin Schleyer.

Was für eine blutige Zeit! Ich fürchtete um Konrads Leben, schließlich gehörte er zum Kreis der stark gefährdeten Persönlichkeiten. Doch er lehnte Personenschutz ab.

Ulrike Meinhof, die Mitgründerin der Terrororganisation, hatte schon im Jahr zuvor Selbstmord begangen. Ich kannte sie, da war sie noch Journalistin, Redakteurin des gesellschaftskritischen Magazins *konkret*, verheiratet mit dem Chefredakteur. Wir waren einander vorgestellt worden von Erich Kuby, den Heinrich Böll einmal »Nestbeschmutzer von Rang« genannt hatte.

Ich erinnere mich an eine liebenswürdige junge Frau, mit der ich im Berliner Grunewald spazieren ging. Kuby war dabei, die Gespräche drehten sich natürlich um Politik. Ihre Ansichten waren extrem radikal, ideologisch verblendet: Die Generation der Väter seien alle Nazis, alle Verbrecher. Widerspruch duldete sie nicht.

Trotzdem war ich überrascht, als ich kurz darauf hörte, dass sie in den Untergrund abgetaucht war. Sie hatte zwei kleine Töchter zurückgelassen. Offenbar war es nicht einmal Kuby gelungen, ihr die destruktive Haltung auszureden.

Der Traum von einer besseren Welt, wer hat ihn nicht? Aber hier waren Weltverbesserer am Werk, die vor keiner Grausamkeit zurückschreckten, in der Hoffnung, »das System« umzustürzen. Besser war die Welt dadurch nicht geworden. Nur ärmer um die Menschen, die den Gewalttaten zum Opfer fielen.

Meine Bewunderung für Helmut Schmidt stammte aus jener Zeit. Jahr für Jahr schickte ich ihm zu seinem Geburtstag im Dezember eine kleine Installation von mir, Thema: Löwe. Er bedankte sich und schrieb zurück: »Mein Sternzeichen ist aber nicht Löwe.« Meine Antwort: »Für mich schon.« Wie ein Löwe hatte er für unser Land gekämpft, das wollte ich damit sagen.

Wir sind uns häufig begegnet, Bonn war ja übersichtlich. Die Bundespräsidenten luden zu Diners in die Villa Hammerschmidt. ... Walter Scheel und seiner Frau Mildred waren wir befre... et, auch mit Johannes Rau und seiner Frau Christina. Di... enschers waren gern unsere Gäste in Düsseldorf oder Hösel ...litiker verkehrten bei uns zu Hause ebenso wie Künstler, S... iftsteller, Schauspieler und Wissenschaftler.

I... traf Helmut Schmidt zwei Tage vor dem Misstrauensvotum ...as ihn als Kanzler stürzte und Helmut Kohl inthronisierte. Sei... Souveränität hatte ihn auch in dieser bitteren Stunde nicht ve...ssen. Oder wir trafen uns zur Feier von Rainer Barzels 8... Geburtstag in München. Unser Kontakt ist nie abgerissen. ...äter besuchte ich ihn in Hamburg, wo er mich in dem Büro ...mpfing, das ihm als Herausgeber der *Zeit* zustand. Schmidt rauchte seine legendären Menthol-Zigaretten, eine nach der anderen. Getrunken wurde Kaffee, verdünnt mit Whisky. Er wollte viel über Konrad wissen. Warum Konrad im Krieg nicht ins Militär eingezogen worden war. Ich erzählte: Weil er kurz zuvor vom Pferd gestürzt war und sich beide Hände gebrochen hatte. Konrads geliebter Bruder Paul war eingezogen worden und starb an der Front. Schmidt war fasziniert von Konrads Lebensgeschichte, erst Wissenschaftler, dann Chef eines Weltkonzerns.

Und er wollte noch einmal ganz genau wissen, wie das seinerzeit mit Kurt Biedenkopf abgelaufen war. Ich berichtete: Konrad wollte Biedenkopf, damals noch Rektor der Ruhr-Universität in Bochum, in die Konzernleitung holen. Biedenkopf war beeindruckt, nicht nur von dem Angebot, sondern auch von der Art und Weise, wie es ihm unterbreitet worden war. Konrad hatte sich einfach ans Steuer seines Thunderbird gesetzt, ohne Fahrer, ohne Tamtam, und war nach Bochum gefahren. Einvernehmen per Handschlag. Der Universitätsprofessor hatte sich den Wechsel in das Spitzengremium eines Weltkonzerns umständlicher vorgestellt. Aber so war Konrad eben, unkompliziert und zielgerichtet. Biedenkopf, der Neuling im Gewerbe, wurde zum »teuersten Lehrling der Republik«, wie Konrad ihn gelegentlich scherzhaft nannte. Drei Jahre, von 1971 bis 1973, war er in der Firma, da kam eines Tages Helmut Kohl nach Hösel. Er bat um die sofortige Freistellung von Biedenkopf, denn er hatte ihn als Generalsekretär der CDU vorgesehen. Konrad entsprach der Bitte. »Der Dienst am Vaterland geht vor«, sagte er. So wurde Kurt Biedenkopf Politiker.

Solche Geschichten interessierten Helmut Schmidt. Er zündete sich die nächste Zigarette an. Die Luft in seinem Büro wurde dicker. Ich fragte, ob ich das Fenster öffnen dürfte. »Selbstverständlich«, meinte er und qualmte weiter.

*

Der Tod des Vaters schließt endgültig ein Kapitel, das in die Kindheit zurückreicht, weit über die Kindheit hinaus fortbesteht, bis ins Erwachsenenalter hinein. Man bleibt Kind bis zu dem Tag, da man am Sterbebett des Vaters steht.

Im Jahr 1979 lag mein Vater, sechsundachtzig Jahre alt, mit einer Lungenentzündung im Düsseldorfer Marienhospital, wo er über viele Jahre als Chefarzt gewirkt hatte.

Friedrich Torberg, mein Freund, schrieb mir: »Dass Ärzte überhaupt krank werden, hat mich seit jeher verblüfft und kommt mir so unglaubwürdig vor wie, dass Köche essen.« Danke für ein kleines Lächeln in der großen Trauer.

Ich spürte, dass mein Vater dem Ende nah war. Die Ärzte reagierten entsetzt, als ich ihn aus dem Krankenhaus nahm. »Wollen Sie ihn umbringen?«, schrien sie. Ich antwortete: »Ich will, dass er bei sich zu Hause stirbt, so wie er es auch seinen Patienten immer gewünscht hat.«

Sein Lebensflämmchen wurde kleiner und kleiner. Ich benetzte die Lippen meines Vaters mit seinem Lieblingsschnaps, einem Obstler aus Tirol. Als er für immer die Augen schloss, war auch die Flasche leer.

Jeder Mensch hat die Lebenszeit, die ihm das Schicksal zumisst. Bei meinem Vater waren es mehr als acht Jahrzehnte, ein gütiges Maß. Als er geboren wurde, hatte Kaiser Wilhelm soeben seinen Reichskanzler Bismarck entlassen. Tschaikowsky stand in Sankt Petersburg am Dirigentenpult zur Uraufführung seiner sechsten Symphonie, der »Pathétique«. Das Auto gab es noch nicht.

Als Vater starb, lief *Dallas* im Fernsehen, Armani bereitete seine erste Kollektion vor, und es begann das Computerzeitalter. Schwindelerregend, wie sich die Welt im Zuge dieses einen Lebens verändert hatte. Von zwei Weltkriegen ganz zu schweigen.

Ich stand in der Mitte des Lebens. In der Blüte meiner Jahre, hätte man auch sagen können, wenn die letzten paar Jahre mir nicht so viel Kummer zugefügt hätten. Zu viele geliebte Menschen waren von mir gegangen, zuletzt also auch mein Vater.

Trost? Dazu noch einmal Friedrich Torberg, der dank seiner Lebensweisheit ein fatalistischer Tröster war: »Es könnte besser sein. Es könnte schlimmer sein. Und so, wenn mich nicht alles täuscht, ist das Leben.«

Es könnte schlimmer sein? Es kam schlimmer.

Konrad hatte Herzprobleme, er war sehr geschwächt seit dem ersten Infarkt. Der Schmerz um die verstorbene Tochter hatte ihm das Herz förmlich zugeschnürt. Er musste sich einer schweren Bypass-Operation unterziehen.

Dazu flogen wir nach Amerika, zu dritt, unser Sohn Christoph war mit dabei, und unsere ganze Hoffnung setzten wir auf das Massachusetts General Hospital in Boston, wo die besten Kardiologen am Werk waren. Dr. Roman DeSanctis, ein Arzt, mit dem Konrad befreundet war, sollte ihn operieren.

Bypass-Operationen waren 1980 noch nicht so geläufig wie heute, sie bargen ein enormes Risiko. Wir waren uns dessen bewusst, dementsprechend groß war unsere Angst.

»Es wird schon schiefgehen«, sagte Konrad beim Abschied.

Stoßgebet im Wartezimmer: Lieber Gott, mach, dass mein geliebter Konrad wieder gesund wird! Verscheuch die Tränen aus unserem Leben! Schenk uns wieder Lebensfreude, herrliche Hochzeiten, feierliche Geburtstage, aber keine Todestage mehr, bitte.

Konrad überlebte die Operation. Er erholte sich bei Freunden in Tucson, Arizona, und als er nach Düsseldorf zurückkehrte, ging es ihm spürbar besser. Im Frühjahr 1980 trat er als Vorstandsvorsitzender zurück, sein Vertrauter Helmut Sihler übernahm die Führung der Firma, und Konrad wurde Vorsitzender des Gesellschafterausschusses. Nun war er befreit vom Tagesgeschäft. War mein Stoßgebet erhört worden? Ich hatte mir Lebensfreude gewünscht, Geburtstagsfeiern und Hochzeiten.

Im Mai gab es gleich die erste herrliche Hochzeit. Unser Freund Johannes von Thurn und Taxis vermählte sich auf Schloss Sankt Emmeram mit seiner zauberhaft exzentrischen Gloria. Der Bräutigam trug die Uniform des Malteser Ritterordens, rote Jacke mit grüner Schärpe, schwarze Hose mit goldenen Streifen, Dreispitz und Säbel. Die Braut war in ein atemberaubendes bodenlanges Seidenkleid von Valentino gehüllt, die Farbe wie Champagner, die Schleppe aus Brüsseler Spitze maß sieben Meter. Vorneweg die Lakaien in den Kostümen des Spanischen Hofzeremoniells aus dem 15. Jahrhundert, gepuderte Perücken, Pluderhosen und Schnallenschuhe. Tausende von Menschen drängten sich auf dem Schlossplatz, als die goldene Kutsche vorfuhr, gezogen von sechs edlen Pferden. Die Kirchenglocken läuteten.

Der gesamte Hochadel war geladen, ebenso die Crème de la Crème der Gesellschaft. Ich sah meinen Freund Gunter Sachs wieder, er sah blendend aus im schwarzen Frack mit weißer Fliege. Ebenso meinen Freund Gregor von Rezzori. Die Flicks waren da, die Oetkers, die Rodenstocks. Alle waren da, um es genau zu sagen.

Abends dann das rauschende Fest, ein einziger Exzess. Irgendwann klammerte sich der trunkene Johannes beim Tanzen an mich, als wäre er in Seenot und ich eine Boje. Unvergesslich.

Johannes war ein wunderbarer Ehemann, er liebte seine Gloria, die vierunddreißig Jahre jünger war als er, und wenn sie mit Punkfrisur und Kettenhemd auf dem Tisch tanzte, klatschte er in die Hände. Generös legte er ihr die Welt zu Füßen. Beide hatten denselben schrägen Humor: Als Gloria an seinem 60. Geburtstag feierlich eine Torte mit sechzig Marzipan-Penissen enthüllte, feixte er vor Freude.

Hauptsache Spaß im Leben. Johannes liebte den großen Auftritt. Es musste nicht immer ein historisches Ritterkostüm sein, aber still und leise, das war nicht seine Art.

Ich erinnere mich, wie er vor vielen Jahren einmal spontan bei uns zu Hause in Düsseldorf vorbeischaute. Konrad hatte gerade Besuch von Jürgen Ponto und war mit dem Vorstandssprecher der Dresdner Bank in geschäftliche Dinge vertieft. Ich saß mit dem Philosophen Theodor Adorno beim Tee im Salon, und wir sprachen über Musik. Adorno komponierte ja auch, litt aber darunter, dass seine Werke selten aufgeführt wurden.

Johannes verzog sich kopfschüttelnd in den Garten. Unterhaltung – darunter verstand er etwas anderes.

Gloria wurde sein adäquater Unterhaltungssender. Ihr Friseur Gerd Meir erzählte einmal, wie sie ihn zu immer verrückteren Frisuren anspornte, wenn sie in seinen Münchener Salon kam: »Mach mich so wild, wie du kannst!«

*

Zu der Heiterkeit, die in mein Leben zurückkehrte, trug auch das Theater bei, insbesondere in Gestalt eines Theatermenschen, der mich geradezu begeisterte: Robert Wilson. Er schaffte es, mit Heiterkeit wie mit Konfetti um sich zu werfen. Das Feuilleton hat seine Unbekümmertheit oft kritisiert, in Deutschland wurde ja schon immer der Ernst gefeiert. Dabei gibt es nichts Schwierigeres, als Leichtigkeit herzustellen. Wilson begann jede Theaterarbeit mit Zeichnungen. So entwickelte er die Dramaturgie, Texte kamen erst später hinzu. Zunächst sah er Bilder vor sich, Farben, Licht, sehr intuitiv. Eigentlich war er ein Spieler, ein Zauberer.

Die Freude am Zufall hat viele große Künstler beseelt. Picasso, der eine Papierserviette so falten konnte, dass ein kleines Kunstwerk entstand, Frank Stella, in dessen Atelier lose Schaumgummihütchen herumlagen, die ihn ähnlich inspirierten wie die Qualmkringel seiner Havannas.

Bob und mich verband die Liebe zur Malerei. Wir reisten gemeinsam nach Venedig; ich wollte ihm Gemälde zeigen, die in meinem Leben eine wichtige Rolle spielten. Er war kein Museumsmensch, dennoch stand er in der Accademia ergriffen vor Giorgiones geheimnisvollem Bild »La Tempesta«. Drei Amerikanerinnen störten durch ihr Geplapper; daher bat ich sie, den Mund zu halten, wenn sie vor einem der Meisterwerke der abendländischen Malerei stünden. Das amüsierte Bob.

Wir sahen uns wieder, als er in Paris sein Spektakel *Great Day In The Morning* probte, eine Gospel-Revue mit der Operndiva Jessye Norman. Ihm zu Ehren gab es einen Empfang im Haus von Pierre und Sao Schlumberger, dem Öl-Tycoon und seiner reizenden Frau, einer kapriziösen Kunstmäzenin.

Konrad und ich genossen die Gesellschaft, amüsierten uns prächtig, da betrat Bob den Salon. Als Letzter. Er steuerte direkt auf unseren Tisch zu und sank auf den Stuhl neben mir. Er legte seinen Kopf auf meinen Schoß, seufzte, er habe drei Nächte nicht geschlafen, und flehte mich an, ihn unauffällig zum Ausgang zu begleiten. Bob arbeitete tatsächlich unermüdlich. In verschiedenen Ländern gleichzeitig, so schien es. Sein Monumentalwerk *CIVIL warS* war im Entstehen, ein interkontinentales Gesamtkunstwerk in fünf Akten, wobei jeder Akt in einer anderen Stadt Premiere haben sollte. Rotterdam, Köln, Tokio, Rom und Minneapolis. Bobs Beitrag zu den Olympischen Sommerspielen 1984. Er war schlicht ein Wahnsinniger!

Die Station in Köln, wo der zweite Akt über die Bühne ging, war besonders schön, denn da sahen wir uns ständig. Bob wohnte bei uns zu Hause. Morgens fuhr er zu den Proben nach Köln ins Schauspielhaus, abends kehrte er zurück. Er bot mir auch eine Rolle an – Friedrich den Großen! Ich hätte kaum sprechen müssen, einfach nur auf und ab schreiten oder unter einem umgestürzten Barocksessel liegen. Leider habe ich das Angebot nicht angenommen.

Konrad mochte Bob gern. Er fürchtete allerdings um meine Nachtruhe. Wenn Bob im Haus war und bis zum Morgengrauen Wodka aus großen Flaschen floss, erschien Konrad im Schlafrock und ermahnte uns, endlich zu Bett zu gehen. Viel genützt hat es nicht. Wie ein aufsässiges Kind bettelte Bob um »five minutes more«, erzählte eine weitere Anekdote, und schon war ich wieder hellwach.

Da hatten sich zwei Menschen gefunden. Freunde, vereint in liebevoller, zärtlicher Zuneigung. Bob hatte ein großes Herz. Er spürte, wann es mir schlecht ging, und dann war er immer für mich da.

*

Inzwischen war unser Sohn Christoph nach New York gezogen, ein Grund mehr, die Stadt zu besuchen. Gründe gab es schon vorher mehr als genug, Konrads Sitzungen im Beirat der Chase Manhattan Bank, meine Arbeit im Beirat des Museum of Modern Art, unser großer New Yorker Freundeskreis – und nun ein Geschenk des Himmels: Jeder Besuch war gekrönt durch das Wiedersehen mit unserem Sohn.

Christoph arbeitete in einer Werbeagentur, und wir waren stolz auf ihn. Nun sahen wir, wie prächtig er sich entwickelt hatte. Häufig besuchten wir ihn zu Weihnachten. Wir liebten die fröhliche, amerikanische Festlichkeit, die so ganz anders war als die trübe, deutsche Adventszeit mit Glühwein, Zimtsternen und Christstollen. Alle Straßen und Geschäfte waren leuchtend hell geschmückt, alle Gesichter heiter und lächelnd. Der schönste Weihnachtsbaum der Welt stand im Rockefeller Center, also brauchten wir keinen eigenen Baum. Wir ergötzten uns am Anblick der riesigen, illuminierten Tanne, die zwischen all den Wolkenkratzern in den Himmel ragte, und an den vielen bunten Schlittschuhläufern, die rundherum ihre Kreise zogen. »Merry Christmas!« New York schien eigens für Weihnachten gebaut worden zu sein.

New York war auch der Ort, wo die beiden Henrys in meinem Leben zu Hause waren. Kam ich in die Stadt, war stets die Frage, welcher von beiden zuerst anrief. Die eine Stimme war sanft, ohne Akzent – sie gehörte zu Henry Grunwald, gebürtiger Wiener, der sich in New York vom Laufjungen zum Chefredakteur des Nachrichtenmagazins *Time* hochgearbeitet hatte. Die andere Stimme war tief und fränkisch gefärbt – sie gehörte zu Henry Kissinger, dem berühmtesten Sohn der Stadt Fürth, von wo er als junger Mann – damals hieß er noch Heinz – nach New York ausgewandert war, um später Außenminister der Vereinigten Staaten zu werden.

Henry Grunwald, auch er ein gebürtiger Heinz, auch er ein namhafter Sohn. Sein Vater war der österreichische Opernlibrettist Alfred Grünwald, der mit Franz Lehár und Robert Stolz unvergessliche Werke geschaffen hatte. Henrys Werk war das *Time Magazine*, unter seiner Führung wurde es zum größten Nachrichtenmagazin in Amerika.

Henry war ein Mann von Welt. Gleich bei unserer ersten Verabredung hatte er mich in den 21 Club geführt. Das Restaurant genoss den Ruf, so wählerisch beim Einlass der Gäste zu sein, dass nur Namen übrig blieben, die in die Geschichte eingehen sollten. Seit Roosevelt pflegten sämtliche Präsidenten dort zu speisen, Eisenhower ebenso wie Kennedy oder Reagan. Im Weinkeller waren die Lieblingsweine der Stammgäste vorrätig, eine Ehre, die auch Elizabeth Taylor oder Frank Sinatra zuteilwurde. Henry Grunwald war ein gern gesehener Gast. Er bereitete mir einen unvergesslichen Abend, und auch sein Lieblingswein war köstlich.

Der andere Henry hatte zwar das rollende Organ, das sich so anhörte, als hätte er nächtelang mit Fürst Metternich in dessen Weinkeller auf Schloss Johannisberg gezecht. Aber »His Excellency« machte sich nichts aus Alkohol. Lediglich beim Duft von Nürnberger Rostbratwürstchen und gebratener Blutwurst verlor der disziplinierte Staatsmann die Beherrschung.

Henry Kissinger war in unser Leben gekommen, als wir zu Konrads Herzoperation nach Boston flogen. Zufällig saßen wir im selben Flugzeug. Ein Schicksalsmoment, der uns für alle Zeiten verbinden sollte. Konrad und Henry wurden Freunde. Es war uns immer ein Vergnügen, ihn und seine bezaubernde Frau Nancy zu besuchen, sei es in ihrer Wohnung in der Stadt oder in ihrem Landhaus in Connecticut.

Besonders in Erinnerung bleibt mir die Feier zu Henrys sechzigstem Geburtstag. Das Fest wurde von Guido Goldmann ausgerichtet, einem Sohn von Nahum Goldmann, dem früheren Präsidenten des Jüdischen Weltkongresses. Kissinger war Guidos Doktorvater.

Der prächtige Ballsaal des Hotels Pierre war wundervoll geschmückt, ein Fest für die Augen. Hunderte von rosa Luftballons schwebten an der Decke, rosarote Pfingstrosen zierten die Tische. Gäste aus aller Welt waren angereist, Stavros Niarchos, Helmut Schmidt, die Witwe des ermordeten ägyptischen Präsidenten Anwar as-Sadat und Farah Diba, die letzte Kaiserin von Persien. Auch Gerald Ford, der ehemalige Präsident der Vereinigten Staaten, war zugegen. Bei der siebten Rede, einer nicht enden wollenden Ansprache von Babrak Karmal, dem Staatspräsidenten von Afghanistan, bin ich aufgesprungen und habe so heftig applaudiert, dass er aufhören musste.

Kissinger schenkte mir ein Lächeln. Tränen flossen, als er sich am Schluss seiner Dankesrede an Nancy wandte und sagte: »Du bist der Traum meines Lebens.« Henry und Nancy hatten sich kennengelernt, als er noch Professor in Harvard war und sie seine Studentin. Als sie heirateten, war Henry Außenminister der Vereinigten Staaten und hatte soeben den Nobelpreis bekommen für seine Friedensverhandlungen im Vietnamkrieg. Was für ein bewegtes Leben.

*

Kreative Tischdekorationen zu gestalten, war für mich stets ein Akt der Fantasie, den ich leidenschaftlich gern in Angriff nahm, wann immer wir Empfänge hatten. Umso größer die Herausforderung, als es galt, Konrads siebzigsten Geburtstag zu feiern.

Nicht nur die Tische, der ganze Festsaal der Firma Henkel sollte in eine Fantasiewelt verwandelt werden, und als Motto schwebte mir vor: Löwe. Der Löwe war das Markenzeichen von Henkel. Außerdem hat keiner den Henkel-Löwen so würdig ver-

körpert wie Konrad; er hat sich für sein geliebtes Rudel eingesetzt, gekämpft, gesorgt, ein Leben lang.

Wochen vor dem Geburtstag begannen die Dreharbeiten zu
einem Film, der im Festsaal vorgeführt werden sollte. Das Dreh-
buch sah vor: Ein veritabler Löwe, königlich mit seiner Mähne,
hatte in Konrads Büro einzutreten und sich zu dessen Füßen
hinzulegen, brüllend natürlich, so wie der berühmte Holly-
wood-Löwe im MGM-Logo. Des Weiteren sollten Konrad und
der Löwe gemeinsam über das Werksgelände schreiten, hinauf
zum Ölturm, wo sie – feierliches Finale – den Blick über ihr
Imperium schweifen lassen.

Der Werkschutz war von dem Vorhaben nicht begeistert.
Konrad nahm es mit Humor. Der Löwe wurde also herbeige-
schafft, in Begleitung zweier Dompteure. Er brüllte schon, bevor
die Kamera überhaupt lief. Er fletschte bedrohlich die Zähne.
Leider hatten die Dompteure vergessen, ihn ordentlich zu füttern. Die Werksküche war geschlossen, schließlich gelang es uns
aber, im nahen Wirtshaus Fleisch aufzutreiben. Kurz darauf war
die Szene im Kasten, wie es so schön heißt.

Konrad ⊥pfte sich den Schweiß von der Stirn. Zu weiteren
Auftritten e⊥lärte er sich nicht mehr bereit. Ein Dompteur zog
Konrads A⊥zug an und mimte sein Double für die Außenauf-
nahmen.

Am ⊥. Oktober 1985 begannen die Feierlichkeiten, die zwei
Tage ⊥ dauerten. Die Gäste staunten nicht schlecht, als sie im
Ei⊥⊥gsbereich von ägyptischen Katzenstatuen erwartet wur-
⊥⊥. Der lange Gang glich einem Käfig, akustisch bespielt mit
Löwengebrüll. Im nächsten Raum wuchsen Palmen aus der Erde,
und Kokosnüsse lagen auf dem Waldboden. Die Treppe zum
Saal war flankiert von Löwenskulpturen. Im Saal schließlich:
theatralisch dekorierte Tische für fünfhundert Personen. Mein
Löwenfest für Konrad.

Wir hatten keine Tischordnung, sondern freie Platzwahl beschlossen. Es sollte ein festlicher, aber gleichzeitig entspannter Abend unter Freunden sein. Berthold Beitz machte auf dem Absatz kehrt, er fand, als Aufsichtsratsvorsitzender des Krupp-Konzerns stünde ihm ein Ehrenplatz zu. Alle anderen, darunter immerhin auch Altbundeskanzler Helmut Schmidt, machten sich locker.

Tosenden Applaus gab es nach der Filmvorführung. Konrad betrat die Bühne, um seine Gäste zu begrüßen. Anschließend wurde ihm das Geburtstagsgeschenk der Firma überreicht, ein kleiner Löwe, getauft auf den Namen Konrad, der im Zoo von Duisburg groß werden sollte.

Erst als Konrad die Bühne verlassen hatte, bemerkte er, dass seine Lippe blutete. Der kleine Namensvetter hatte ihn bei der Umarmung an der Lippe verletzt. Wir versuchten, die Wunde mit Taschentüchern zu stillen, aber dann musste er doch in die Klinik gebracht und genäht werden. Ich bat unseren Freund Klaus Doldinger, früher als geplant zum Tanz aufzuspielen. So wurde Konrads Abwesenheit nicht bemerkt. Kurz vor Mitternacht kehrte der Jubilar frohgemut zurück, meinte jedoch, Löwen seien ihm lieber im Firmenlogo als im wahren Leben.

5.

Schmetterlinge weinen nicht

Die letzten Jahre der Bonner Republik standen im Zeichen von Helmut Kohl. Er hat die biedere, geistfeindliche Atmosphäre von Bonn angemessener verkörpert als jeder andere Bundeskanzler vor ihm. Obwohl er Pfälzer war. Dank Kohl eroberte ein pfälzischer Ausdruck den Wortschatz der Deutschen: Bimbes. So pflegte er Geld zu nennen, vor allem Geld, das auf undurchsichtigen Kanälen in der schwarzen Parteikasse landete. Die Flick-Affäre erschütterte das Land, und im Zuge dessen wurde auch Konrad beschuldigt, in den Parteispendenskandal verwickelt zu sein. Er ging aber erhobenen Hauptes aus dem Prozess, das Verfahren wurde eingestellt.

Kürzlich sprach ich mit einem Konzernchef, und im Laufe des Gesprächs ging es auch darum, inwiefern Wirtschaftsunternehmen ins politische Geschäft eingebunden sind. Er behauptete, seine Firma sei unpolitisch. Ich sah ihn entsetzt an. Konrad hatte sich niemals unpolitisch verhalten, sondern einvernehmlich und demokratisch mit den Parteien und den Gewerkschaften. Er war Präsident des Chemieverbands, er unterstützte die Stiftungen der Parteien, die Friedrich-Ebert-Stiftung ebenso wie das Konrad-Adenauer-Haus oder die Friedrich-Naumann-Stiftung. Wirtschaft und Politik sind eng miteinander verwoben, das gilt auch für ihre Protagonisten. Ich fühlte mich seit jeher osmotisch mit Willy Brandt und Helmut Schmidt verbunden.

Die sogenannte Parteispendenaffäre wurde vom *Spiegel* aufgedeckt. Mit Rudolf Augstein, dem Herausgeber, war ich gut befreundet, seit unserer Begegnung auf Sylt. Ich habe seine Häuser und seine wechselnden Frauen kennengelernt. Man war häufig gemeinsam zu Gast bei Erich Böhme, dem langjährigen Chefredakteur des *Spiegel*. Augstein konnte nicht viel Alkohol vertragen, das erste Glas Bier reichte meist schon, dann war er betrunken. Mit der Hilfe seiner letzten Frau Anna bekam er sich besser in den Griff. Vier Wochen vor seinem Tod war das Paar zu einem Abend in Hösel. Er schien zart, aber durchaus nicht dem Tode nahe. Neue Freundschaften bereicherten mein Leben. Matteo Thun zum Beispiel. Unsere Verbindung ragt heraus, bis zum heutigen Tag. Ich erinnere mich genau, wie wir uns kennenlernten: Es war in Mailand, in der Bibliothek meiner Freundin Inge Feltrinelli, es war schon spät abends, ich trug ein seegrünes Kleid von Yves Saint Laurent und blätterte in einem Band der großen Diderot-Enzyklopädie, da setzte sich Matteo zu meinen Füßen. Es war Liebe auf den ersten Blick.

»In dieser Welt muss man die Füße warm halten«, schrieb Diderot, der Menschenkenner.

Matteo war einunddreißig Jahre alt und bereits Professor an der Wiener Hochschule für Angewandte Kunst. Zusammen mit Ettore Sottsass hatte er die Designergruppe »Memphis« gegründet. Ein Ausnahmetalent, bescheiden, hochbegabt, mondän, außerdem sportlich, begeisterter Flieger, Bob- und Skeletonfahrer. Ich sah ihn und dachte an den Song von Frank Sinatra: »I've got you under my skin«.

Von Sottsass stammt die berühmte rote Schreibmaschine für Olivetti, ein Kultobjekt. Ein Exemplar befindet sich im Museum of Modern Art in New York. Sein kreativster Schüler war mit Sicherheit Matteo, dessen Werke inzwischen ebenfalls in Museen stehen.

Eine der ersten Reisen, die ich mit Matteo unternahm, führte nach New York, wo wir meinen Freund, den legendären Architekten Philip Johnson, trafen. Lunch im Four Seasons Grill. Damals war das Restaurant noch im Seagram Building von Mies van der Rohe. Philip Johnson hatte die Räume gestaltet. Das Mittagessen endete mit Philips Ausruf:»Matteo, das nächste Mal, wenn wir uns sehen, will ich deine Baupläne für ein Haus sehen, klein oder groß, egal, Hauptsache, du baust endlich ein Haus. Bitte!«

Matteo ist der Aufforderung gefolgt. Aus dem Designer wurde ein Architekt, der für seine Bauten ebenso berühmt ist wie für seine Möbel, Lampen, Uhren, Gläser, Sonnenbrillen und was dem genialen Kopf alles entsprungen ist.

Mit Matteo lernte ich Karl Lagerfeld kennen. Er empfing uns in seinem fürstlichen Palais in der Rue de l'Université in Paris. Das war vor der gewaltigen Diät, der er sich später unterziehen sollte, um in die Dior-Anzüge seines geliebten Hedi Slimane zu passen. Er freute sich noch über Leberwurst und ähnliche Kalorienbomben, die ich ihm aus Deutschland mitbrachte. Zum Dank schickte er mir ins Palais Beauharnais, die Residenz der deutschen Botschafter, in der ich wohnte, die schönsten Rosen der Welt.

Karl konnte die Hilfsbereitschaft in Person sein, diese Erfahrung machte ich, als ich schrecklicherweise als Notfall in ein Pariser Krankenhaus eingeliefert werden musste. Da lag ich nun, allein in einem anonymen Patientenzimmer. Plötzlich ging ein Raunen durch die Klinik: Lagerfeld kommt! Er brachte mir Kaschmirdecken, Waschzeug, Parfum, Zahnbürste, alles was man in einer solchen Situation vermisst.

Ich habe mich mit einer Einladung nach Hösel revanchiert, und wir haben ihm einen würdigen Empfang bereitet. Die Tischdekoration war ganz auf den Modeschöpfer zugeschnitten:

Mitten auf dem Esstisch lag eine Schneiderpuppe, umhüllt mit schwarzer Wolle und Lichterketten, statt Platztellern gab es große Knöpfe, und das Besteck war ergänzt mit Rädelchen, wie man sie für Schnittmuster braucht. »Das kann ja heiter werden«, war Lagerfelds Kommentar. Und es wurde heiter.

Couturiers sind eine eigene Spezies. Sosehr sie sich unterscheiden, was ihren Modestil betrifft, so sehr ähnelt sich ihr Lebensstil. Sie residieren in Schlössern oder Palästen, umgeben von erlesener Kunst und exquisiten Antiquitäten. Das Interieur legt sich wie ein Mantel aus kostbarem Stoff um ihre illustre Existenz. Das war bei Yves Saint Laurent nicht anders als bei Hubert de Givenchy, Oscar de la Renta oder Giorgio Armani.

Karl Lagerfeld hob natürlich in noch höhere Sphären ab. Sein Thron: Chanel. Seine Privatbibliothek: dreihunderttausend Bücher. Sein Ornat: Stehkragen, gepuderter Zopf, Sonnenbrille und Fächer, wahrscheinlich die berühmteste Silhouette der Welt.

»Ich habe keinen Stil«, sagte er mir einmal. »Man darf nicht stehen bleiben, nicht im Leben, nicht in der Mode, nicht in der Fotografie.«

Auch Lagerfelds fotografisches Werk ist beachtlich. Er erhielt dafür den Kulturpreis der Deutschen Gesellschaft für Photographie.

Apropos Fotografie: Ich stand in meinem Leben oft vor der Kamera, das heißt, in den meisten Fällen standen die Fotografen vor mir, Paparazzi, die auf die Schnelle ein Bild von mir haben wollten. Ganz anders verhält es sich mit künstlerischen Porträts, auch die gab es in jüngeren Jahren.

Der erste Anlauf fand statt, als ich mit meinem Freund Don Mauricio in New York war. Mauricio hatte sich in den Kopf gesetzt, die besten Fotografen der Welt zu beauftragen, mich zu porträtieren. Den Anfang machte er gleich mit Sir Cecil Beaton. Wir besuchten ihn in seinem Apartment in der Park

Avenue. Beaton war der Hoffotograf der britischen Königsfamilie, er hatte die glamourösesten Hollywood-Stars vor der Kamera gehabt, von Greta Garbo bis Liz Taylor, außerdem war er als Kostümbildner gleich zweimal mit dem Oscar ausgezeichnet worden, für *Gigi* und für *My Fair Lady*. Und nun sollte er mich porträtieren? Eine Unbekannte aus Düsseldorf? Don Mauricio insistierte, Cecil Beaton willigte ein. Aber ich bekam kalte Füße.

Nächster Anlauf: Horst P. Horst, der berühmte Modefotograf der *Vogue*, das Auge hinter klassischen Porträts von Marlene Dietrich, Coco Chanel oder Jacqueline Kennedy. Er fotografierte mich in einem antiken Sessel, das Haar leicht gewellt. Don Mauricio war begeistert, doch ich dachte mir nur: Grace Kelly für Arme.

Die besten Fotos gelangen dem legendären Milton Greene, legendär, weil er die letzten Lebensjahre von Marilyn Monroe fotografisch begleitet hatte. Milton verfügte über Fantasie, Temperament und Lebensfreude, und das übertrug sich auf die Menschen, die er porträtierte. Die Atmosphäre in seinem riesigen Studio war lässig. Es lief Musik, es gab Champagner. Ich räkelte mich lasziv im seidenen Morgenrock auf dem Boden, ich schmiegte mich – seinem Wunsch folgend – mit einem Champagnerglas an einen Gobelin, oder ich saß im Pelzmantel in einem abgeschabten Fauteuil, Regieanweisungen, die Milton wohl noch von den Sessions mit Marilyn im Repertoire hatte. Eines der Porträts steht bis heute auf Konrads Schreibtisch.

Fotografen kleiden sich gern in Schwarz. Eine Ausnahme war mein Freund Reinhart Wolf: Er betrat sein Studio in Hamburg im dunkelblauen Doppelreiher und Krawatte. So arbeitete er immer, außer, wenn er seine schwere Plattenkamera durch Kastilien schleppte, am besten im Morgengrauen, wenn die ersten Sonnenstrahlen die Motive zum Leuchten brachten, oder auf den Dächern von New York, wo er die bizarren Spitzen der Wolkenkratzer einfing wie kein anderer.

Die Wohnung, die er mit seinem jungen japanischen Freund teilte, war im ostasiatischen Stil eingerichtet, das entsprach seinem Harmoniebedürfnis. Bei jedem meiner Hamburg-Besuche fand ich in dem trostlosen Zimmer des Hotels Atlantic einen erlesenen Blumenstrauß vor, ein Willkommensgruß von Reinhart.

Unsere letzte Begegnung fand in Kufstein statt. Ihm zu Ehren hatten Konrad und ich einen kleinen Empfang ausgerichtet, nach unserem gemeinsamen Besuch der Salzburger Festspiele. Ich hatte den Tisch mit Requisiten seines Metiers dekoriert: eine alte Kamera, ein Stativ, ein Schirm aus weißen Spitzen und dergleichen. Reinhart klagte über Schulterschmerzen, nichts deutete auf eine schwere Krankheit hin. Drei Monate später starb er in Hamburg. Ich werde ihm nie vergessen, dass er der Erste war, der mich ermutigte, meine Tischdekorationen fotografieren zu lassen.

Auch mit Robert Lebeck, dem großen *Stern*-Fotografen, verbinden mich viele Erinnerungen. Er hat mich mehrfach ins Visier genommen, mit leichter Hand, unkompliziert, nie so salbungsvoll, wie es Cecil Beatons Art war.

Ein Fotograf gänzlich anderer Prägung war Gordon Parks. Das lag an seiner Herkunft, seiner Kindheit in bitterer Armut, als eines von fünfzehn Geschwistern, der Vater Kleinbauer, die Mutter strenggläubige Methodistin. Der Junge hatte sich seine erste Kamera für zwölf Dollar im Pfandhaus gekauft, zu einer Zeit, in der er als Afroamerikaner noch wegen seiner Hautfarbe diskriminiert wurde. Er musste sich als Barpianist in einem Bordell durchschlagen, bevor er als Fotograf Karriere machte. Cecil Beaton nannte ihn den ersten schwarzen Fotografen, der Weltruhm erlangte.

Unvergesslich der Abend, als wir uns kennenlernten. Wir waren zu Gast in einem wunderschönen Apartment am Beekman Place in Manhattan, und es entspann sich auf Anhieb ein angeregtes Gespräch. Da passierte mir ein Malheur: Mit weit ausholender Handbewegung, wohl um einen Gedankengang zu unterstreichen, verschüttete ich ein Glas Rotwein – und zwar auf den nagelneuen, schneeweißen Teppich, den uns der Gastgeber eben noch stolz vorgeführt hatte. Eine blutrote Insel des Grauens. Zum Glück wusste ich, wie man so etwas im Nu entfernt: Man legt ein nasses Tuch auf den Fleck, streut Salz auf die Fläche und klopft mit den Händen kräftig drauf. Gordon Parks war beeindruckt. Bedauerlicherweise ist nicht jedes Malheur im Leben so leicht zu beheben.

So viel zu Fotografen.

*

Ich hätte mir nicht träumen lassen, dass ich eines Tages einen Lehrauftrag an einer Universität erhalten würde, aber so kam es. Bazon Brock, damals Professor an der Bergischen Universität Wuppertal, behauptete, die Berufung sei seine Idee gewesen. Rainer Gruenter, der Rektor, bestand darauf, er habe mich entdeckt. In Wahrheit war es Willy Fleckhaus.

Dem legendären Willy Fleckhaus verdankten die Suhrkamp-Buchreihen ihr unverwechselbares Aussehen, die Zeitschrift *Twen* war seine Erfindung, außerdem war er Art Director des *FAZ-Magazins*. Er hatte mich letzthin in Hösel besucht, als ich gerade mit meinen Tischinstallationen beschäftigt war. Beim Anblick der Schautische rief er: »Doll. Sie müssen nach Wuppertal kommen.« Fleckhaus lehrte an der Universität Kommunikationsdesign, und ich folgte seinem Ruf.

Mein Lehrauftrag gestaltete sich so, wie es Bazon Brock einmal formuliert hat: »Bildung umfasst nicht nur Aspekte des

Geisteslebens, sondern auch die erlernbare Technik des gesellschaftlichen Lebens.« In diesem Sinne war die visuelle, kommunikative Ausgestaltung meiner Soirees für Freunde und Gäste ein Bildungsgut. Kommunikationsdesign.

Fleckhaus starb viel zu früh. In den Semesterferien, in seinem Ferienhaus in der Toskana, erlitt er nach dem Abendessen einen Herzinfarkt. Hannes Jähn wurde sein Nachfolger.

Jähn war ursprünglich gelernter Schildermaler, schon nach der Lehre in Ostdeutschland war er als »schnellster Schildermaler von Leipzig« mit der Stalin-Urkunde ausgezeichnet worden. Es folgten über die Jahre mehr als hundert weitere Preise für seine Arbeiten als Buchgestalter. Ein manischer Mann. Sein arbeitsreiches Leben, vollgequalmt mit Zigaretten, aufgeputscht von Drogen, hatte ihm gesundheitlich zugesetzt. Er besaß eine immense Bibliothek alter Bücher und eine bedeutende Sammlung religiöser Volkskunst. Impulsiv wie er war, wollte er mir alles schenken. Kauzig war auch sein Fortbewegungsmittel, eine klapperige Citroën-Ente. Mit ihr fuhr er vor, wenn er mich zu Hause besuchte. Erst begrüßte er Niña, unsere Labradorhündin, dann ging er mit Konrad im Garten spazieren, zu guter Letzt kam ich an die Reihe.

Mit Jähn veranstaltete ich viele Seminare und Exkursionen, zum Beispiel eine Studienreise nach Maria Laach. Gastpater Athanasius führte die Studenten durch das Kloster, gewissermaßen als Einstimmung auf unsere gemeinsame Arbeit, eine Gruppeninstallation. Thema: Paradies.

Das war den Studenten zu abstrakt, wie ich feststellen musste, deshalb wählte ich bei nächster Gelegenheit ein konkreteres Thema: die Kartoffel. Wir fuhren nach Antwerpen, Heimat der besten »Pommes« der Welt, aber das war bloß ein Vorwand. In Wahrheit wollte ich den Studenten das Königliche Museum der Schönen Künste zeigen, die Rubens-Sammlung und das Rubens-Haus.

Ein andermal organisierten Jähn und ich eine Exkursion nach Florenz. Aufgabenstellung: Die Studenten sollten die Gärten und Brunnen des Palazzo Pitti in zeichnerischer, fotografischer oder schriftlicher Form interpretieren. Es wurde eine wunderbare Woche. Jähn und ich verabschiedeten uns am letzten Abend; wir ahnten nicht, dass wir uns nicht wiedersehen würden. Er fuhr fort, wurde auf der Strecke zum Flughafen Pisa ohnmächtig, raste gegen eine Leitplanke und landete in einem Hospital in Bologna. Herzinfarkt.

Das war der zweite Todesfall innerhalb kurzer Zeit. Kommunikationsdesign schien Lebensgefahr zu bedeuten.

Ich war nun einsam und allein auf dem Lehrstuhl. Bazon Brock kümmerte sich rührend um mich. Er ermutigte mich zu Vorlesungen, er forderte mich auf, für sein Symposium »Trauer der Vollendung« eine Installation zu erarbeiten. Ich wollte die Arbeit »Schmetterlinge weinen nicht« nennen, fand den Titel aber letztlich zu frivol für das schwerblütige Thema.

Bazon Brock betrat den Raum und sah meine Installation, eine drei Meter hohe Tafel, aus deren »Himmel« wie in einer Sanduhr ein feiner Sandstrahl rieselte. Er verharrte einen Augenblick lang, auch die ihn begleitenden Studenten hielten inne. Dann verordnete er den Anwesenden eine Minute des Schweigens, weil ihm dies zu meiner Arbeit – Metapher der verrinnenden Zeit – passend erschien. Seine spontane, anerkennende Rede war bewegend.

Ein Satz von Bazon Brock wird mir immer in Erinnerung bleiben: »Die Welt ist ein Chaos von Möglichkeiten, mit denen die Menschen fertigwerden müssen.«

*

1. April 1987: Trauerfeier für Andy Warhol. Die mächtige Saint Patrick's Cathedral in New York, die zweitausend Menschen fasst,

war bis auf den letzten Platz gefüllt, Massen von Schaulustigen umlagerten das Eingangsportal, Zaungäste, Medien, alle hinter Barrieren, Limousinen in der Warteschleife, berittene Polizei. Ein unbeschreiblicher Rummel, fast wie bei der Oscar-Verleihung. Es war ja auch der glamouröseste Künstler seiner Zeit, der uns verlassen hatte.

Mein Freund Leo Castelli hatte mich in einer silbergrauen Stretch-Limo abgeholt. Ich trug Grau-Weiß und einen Silbermantel. Wir wurden zu unseren reservierten Plätzen geführt.

Roy Lichtenstein, Yoko Ono, Julian Schnabel, David Hockney, Frank Stella, Liza Minelli, Tom Wolfe, Bianca Jagger, Calvin Klein, Diane von Fürstenberg, Claes Oldenburg, Richard Gere, alles was Rang und Namen hatte, war herbeigeströmt, um Andy die letzte Ehre zu erweisen.

Ein Meer von Tulpen schmückte die Kathedrale. Es herrschte andächtige Stille. Der Priester las die heilige Messe. Andy war ein tiefgläubiger Mensch gewesen. Er war, wenn möglich, jeden Tag in die Kirche gegangen, hatte die hohen Feiertage regelmäßig mit der Kirchgemeinde verbracht und Suppe an die Bedürftigen ausgegeben.

Abschied von Andy Warhol, ausgerechnet am 1. April. Nicht zu glauben. Im Anschluss an die Messe ertönte eine Stimme aus dem Lautsprecher, es war Lou Reed, und er sagte: »Das ist ein Aprilscherz, oder?«

Nein, es war traurig, aber wahr. Ich musste daran denken, wie Andy uns einmal zu Hause in der Chamissostraße besucht hatte. Wir hatten Joseph Beuys dazugeladen, so lernten sich die beiden kennen.

»Ich mag den Gedanken, dass Menschen nach ihrem Tod zu Staub werden«, hat Warhol einmal gesagt. »Und es wäre sehr glamourös, als Brillant auf Liz Taylors Ringfinger wiedergeboren zu werden.«

Die Trauergemeinde löste sich auf, und im kleinen Kreis – immerhin vierhundert Freunde – machten wir uns auf zur Party im Diamond Horseshoe, dem legendären Nachtclub im Paramount Hotel. Da wurde getanzt, da wurde das Leben gefeiert wie immer, nur schade, dass Andy nicht mehr dabei sein konnte. Das Leben ging weiter.

Frank Stella war schon wieder mit neuen Arbeiten beschäftigt, als ich ihn tags darauf in seinem Studio besuchte. Die Assistenten montierten ein riesiges Aluminiumgebilde. Frank, noch unrasiert, bemalte es mit Ölkreide, rührte in Farbtöpfen, ließ seine Händler Larry und Templon antanzen. Später begab ich mich ins New Yorker Henkel-Office, ein Büro, das wahrscheinlich den schönsten Blick über die Stadt genoss, aber eingerichtet war wie eine Rumpelkammer. Anita, die Sekretärin, versorgte mich mit Kaffee und Stullen; derweil telefonierte ich mit Konrad, der leider nicht hatte mitreisen können. Ich fühlte mich erschöpft und einsam. Zum Glück traf am Abend meine Schwester Hete ein, und wir genossen das Wiedersehen in Gesellschaft meines alten Freundes Valerian Stux-Rybar.

Familie und Freunde – beides ist maßgebend im Leben. Die Familie, in die man hineingeboren wird, ist Glückssache oder Schicksal, man kann sie sich nicht aussuchen. Freunde dagegen schon. Freundschaften sind ausgewählte Beziehungen, jede Freundschaft hat ihre eigene Geschichte. Es gibt kein Vermittlungsbüro für Freunde. Für Liebhaber schon gar nicht …

Hier ist die Geschichte meiner Freundschaft mit Guido Goldmann. Ich hatte ihn vorhin schon erwähnt. Sein Vater, der berühmte Nahum Goldmann, viele Jahre Präsident des Jüdischen Weltkongresses, hatte mich des Öfteren zu Hause in der Chamissostraße besucht. Ein brillanter Kopf, sehr charismatisch, das Profil edel, wie von Ingres gezeichnet. Ein kämpferischer Wegbereiter des Staates Israel, außerdem ein notorischer *Homme à femmes.* Keiner konnte so herrliche jüdische Anekdoten von sich geben wie er, außer vielleicht Friedrich Torberg. Jedenfalls sagte er eines Tages: »Du musst meinen Sohn Guido kennenlernen.« Der alte Herr duzte mich seit der ersten Begegnung. Dazu kam es in Bonn, während einer Tagung der »Atlantik-Brücke«, des einflussreichen transatlantischen Vereins, in dem auch Konrad und viele unserer Freunde aus Politik und Wirtschaft Mitglieder waren. Ich saß im Vestibül des Hotel Bristol, auf einem gelben Sofa, und mir gegenüber saß ein gut aussehender Mann, dessen Gesichtszüge mich an Harry Belafonte erinnerten, ebenfalls auf einem gelben Sofa.

Er erhob sich, kam auf mich zu und sagte nur: »Sie müssen Gabriele sein, von der mein Vater schwärmt.«

Das war der Beginn einer wunderbaren Freundschaft. Ich musste Guido am Ende der Tagung versprechen, ihn bald in Harvard zu besuchen. Dort leitete er das Center for European Studies. Ich hielt mein Versprechen. Während meiner nächsten Reise nach New York machte ich einen Abstecher nach Boston. Guido führte mich über den Campus, ein eindrückliches Erlebnis. Harvard ist die älteste und wohl renommierteste Universität der Vereinigten Staaten. Ich durfte im Gästehaus logieren.

Guido hatte ein traumhaftes Anwesen in Concord, New Hampshire, auch das zeigte er mir, ein Refugium inmitten unberührter Natur, nur kleine schilfbewachsene Seen, auf denen Schwäne und Enten ihre Kreise zogen.

Bevor wir uns kannten, konnte Guido mit Kunst oder Museen wenig anfangen, er war durch und durch das, was man ein *political animal* nennt, Politikwissenschaftler mit Leib und Seele. Mit der Zeit allerdings entwickelte sich sein Sinn für Ästhetik, und zwar ausgelöst von einem Faible für usbekische Ikats, farbenfrohe Textilien, die im 19. Jahrhundert als Wandschmuck oder als Kleidung für festliche Anlässe hergestellt wurden. Inzwischen besitzt Guido die größte Privatsammlung der Welt, hat seine exotische Zauberwelt in vielen bedeutenden Museen ausgestellt und dazu ein grandioses Buch herausgegeben.

Seine Faszination für usbekische Ikats war ansteckend. Ein schönes Beispiel dafür, wie Freundschaft inspirieren und befruchten kann. Ich begann, die Kunst der Naturvölker in meine Sammlung für die Firma zu integrieren – westafrikanische Skulpturen und Raphia-Gewebe, Häuptlingsröcke, Skulpturen und Masken aus Neuguinea. Guido hatte mir eine unbekannte Welt eröffnet.

Natürlich blieb er ein *homo politicus*. Guidos Loft in Manhattan war ein Salon der Intellektuellen, die sich dort regelmäßig versammelten, um politische Themen zu debattieren. Anschließend gab es ein Buffet und leichte Weine.

Nicht anders ging es im Salon von George Weidenfeld in London zu. Er war ein berühmter Zionist, auch er ein Geistesmensch, auch er ein *Homme à femmes*. In seiner Wohnung am Eaton Square in London versammelte er interessante Autoren, Künstler, Minister, Redakteure, Historiker – und schöne Frauen.

George sprühte auch im hohen Alter vor Ideen und Visionen. Er war parteilos, was ihn befähigte, mit den jeweiligen Regierungschefs von England, Deutschland und Israel befreundet zu sein.

Weidenfeld war ein großer Verführer. Jedes Mal, wenn wir uns sahen, entwickelte er neue Buchprojekte für mich. Ich sollte die »Geschichte der Geselligkeit« schreiben, wäre das nicht goldrichtig vor dem Hintergrund meiner Salons? Ein andermal schlug er eine Biografie über Henri Matisse vor. Ich wendete ein, dass es doch bereits eine wunderbare Biografie gebe, nämlich *Henri Matisse, Roman* von Louis Aragon, aber das ließ er nicht gelten. Mein erstes Buch kam ohne sein Dazutun zustande, kein

Wunder, dass er es ignorierte. Wenn er nicht die Vaterschaft in Anspruch nehmen konnte, interessierten ihn Kinder nicht.

Salons wie die von Goldmann oder Weidenfeld waren nicht zufällig in New York oder London, dort gab es die entsprechende Gesellschaft, die sie so spannend machte. In der jungen Bundesrepublik musste diese Kultur erst etabliert werden, und ich denke, Konrad und ich haben dazu beigetragen mit unseren Abenden in der Chamissostraße und in Hösel. Böse Zungen behaupteten, es habe außer unserem Salon nur die Salons der Friseure gegeben.

Nichts gegen Friseure, um Himmels willen. Wenn jemand ihre Dienste zeitlebens dankbar in Anspruch nahm, dann ich. Udo Walz in Berlin zum Beispiel: Coiffeur, Freund, diskret. Udo Walz war als junger Friseur nach Berlin gekommen, ihm eilte der Ruf voraus, in Sankt Moritz Stars wie Marlene Dietrich und Romy Schneider frisiert zu haben. Anfänglich hatte er seinen Salon in der Fasanenstraße, Hildegard Knef gehörte zu seinen Kundinnen.

Es dauerte nicht lange, da kam auch ich bei ihm unter die Haube. Zeitweise teilten wir sogar eine Wohnung. Wann immer ich in der Stadt war, stieg ich dort ab.

Udo beherrschte sein Handwerk, er war fleißig, und was ihn besonders auszeichnete, war sein Credo: schneiden und schweigen. Prominente jeglicher Couleur gingen bei ihm ein und aus, Klatsch und Tratsch wurde ihm zugeflüstert – Udo hielt stets dicht. Apropos Couleur: Als später die Kontroverse um die Haarfarbe von Bundeskanzler Gerhard Schröder entbrannte, stand der Name Udo Walz sogar auf Seite eins der *New York Times*. Erst per Gerichtsbeschluss musste er als Zeuge aussagen.

*

Die Tage der Bonner Republik waren zu der Zeit bereits gezählt, aber das ahnte noch niemand. Nein, niemand hätte davon zu träumen gewagt.

1989 verkündete Michail Gorbatschow die »Sinatra-Doktrin« – ein Ding der Unmöglichkeit, ausgerechnet aus dem Mund des Staatschefs der Sowjetunion. Er meinte damit, in Anlehnung an Sinatras »My Way«, die Ostblockstaaten dürften sich künftig entscheiden, welchen politischen Weg sie gehen wollten. Ein Signal, das die Oppositionellen in den Ländern ermutigte, auch in der DDR. Es folgte die berühmte »Wende«, die friedliche Revolution, der Fall der Mauer und die Wiedervereinigung. Am 3. Oktober 1990 wurde der Tag der deutschen Einheit im Rahmen eines Staatsakts in der Berliner Philharmonie feierlich begangen.

Auch in unserem Leben vollzog sich eine Wende: Konrad beschloss, sich endgültig aus der Firma zurückzuziehen und den Vorsitz im Gesellschafterausschuss abzugeben.

Seltsam, wie zeitgleich die Kapitel verlaufen sind, im Buch der Geschichte und in der persönlichen Biografie: 1961, im Sommer des Mauerbaus, wurde Konrad Geschäftsführer der Firma Henkel, 1990, im Jahr der Wiedervereinigung, beendete er seine berufliche Laufbahn.

Konrad war fünfundsiebzig Jahre alt und blickte auf ein beachtliches Lebenswerk zurück. Sein Ziel, Henkel zum Weltkonzern zu machen, war erreicht. Sein Bestreben, Henkel als Familiengesellschaft zu bewahren, war geglückt. Es war ihm ein Anliegen, die Leitung des Unternehmens in jüngere Hände zu legen, und das geschah mit der Berufung von Albrecht Woeste als Nachfolger.

Ein Grund mehr für den Rückzug war aber auch Konrads Gesundheit. Es war an der Zeit, kürzerzutreten, allein schon, um das schwache Herz zu schonen. Er blieb natürlich aktiv, das war ihm Ehrensache, und zwar im wahrsten Sinne des Wortes: Ehrenvorsitzender der Henkel-Gruppe, Ehrenmitglied der Industrie- und Handelskammer, Ehrenbürger der Stadt Düsseldorf, Stellvertretender Vorsitzender der Gerda-Henkel-Stiftung. Ihm zu Ehren trägt ein großer Hörsaal der Heinrich-Heine-Universität seinen Namen: Ausdruck der Dankbarkeit für sein außerordentliches Engagement.

Nein, altersmüde war Konrad nicht. Allerdings drängte es ihn auch nicht zu exotischen Fernreisen, da musste ich mir andere Begleiter suchen. Nach Thailand zum Beispiel reiste ich mit meinem Freund Günther Uecker und seiner Frau Christine. Wir wohnten in einem bescheidenen Haus in Hua-Hin, damals noch ein verschlafenes Städtchen, allenfalls bekannt als Sommerresidenz der Königsfamilie.

Beim Strandspaziergang begegnete ich einem jungen Mann, ließ mich ansprechen, um es schön altmodisch auszudrücken. Er war Österreicher. Ich lud ihn zu uns auf die Terrasse ein. Er packte eine Haschpfeife aus Bambus aus der Reisetasche – und dann hatten wir Spaß, Christine und ich. Wir saugten den fremden Duft ein. Günther Uecker schrie auf, als hätten wir eine Todsünde begangen. Er beruhigte sich erst wieder, als wir den kleinen Pfad zum königlichen Teepavillon hinabliefen zum Mittagessen. Es gab Reissuppe mit kleinen Krebsen, Fisch, in Öl und Ingwer gebraten. Köstlich. Oder *sticky rice with mango*.

Tags darauf erschien der Fremde wieder, diesmal mit einem verwegenen Plan: Er lud mich zu einer Motorradfahrt quer durch Südindien ein, Endziel Goa. Ich lehnte dankend ab, was Uecker, dem ich davon zwei Tage später erzählte, mit einem Seufzer der Erleichterung zur Kenntnis nahm. Uecker hatte das dringende Bedürfnis, den Seufzer mit einem deftigen, chinesischen Reisschnaps runterzuspülen, also gingen wir in die nächste Bar. Was von der Flasche übrig blieb, nahmen wir mit nach Hause.

Der Abenteurer verschwand mit Rucksack und Pfeife, und ich blickte ihm und seinem Motorrad erleichtert nach. Thailand und das unbeschreibliche Licht in der Dämmerung. Die Sonnenuntergänge – was für ein grandioses Schauspiel! Auf der Insel Phuket fuhr ich mit einem Thai-Boot ins Meer hinaus. Ich stach förmlich in See mit einer langen Stange, und ich hatte das Gefühl, als würde ich geradewegs in die glühende Abendsonne gleiten und mit ihr verschmelzen.

*

Die Rauminstallationen, die ich mir für unsere Abende in der Chamissostraße oder in Hösel ausdachte, waren in meinen Augen flüchtige Inszenierungen, gemacht für den Augenblick, angewandte Kunst mit Verfallsdatum. Günther Uecker hat mich immer wieder ermutigt, mit den Arbeiten an die Öffentlichkeit zu gehen. Dennoch habe ich mich nicht von Anfang an als Künstlerin verstanden, der Mut musste erst wachsen. An der Universität hatte ich eine Reihe von Installationen gemacht, auch Ausstellungen in Wuppertal, im Kunst- und Museumsverein.

Nun war es so weit: Ich wollte eine Auswahl meiner Werke dokumentieren und in die Welt hinaus tragen. Mein erstes Buch erschien. Es trug den Titel *Tafelbilder*.

Kurz zuvor waren Konrad und ich nach Warschau geflogen, um den *Ring der Nibelungen* zu sehen, eine Inszenierung unseres Freundes August Everding. Anschließend sagte ich zu Everding: »Ich habe Ihnen vierzehn Stunden meines Lebens geschenkt. Würden Sie mir ein Vorwort für mein erstes Buch *Tafelbilder* schreiben?« Was er umgehend tat.

Das Faszinierende an Installationen ist bis zuletzt der Prozess ihrer Entstehung. Oft sind es Zufallsfunde, die zu einem Werk anregen. Für mich ist es eine »Enzyklopädie des Zufalls«, die in Installationen Gestalt annimmt.

Flohmärkte zum Beispiel sind eine einzige große »Enzyklopädie des Zufalls«. Wundervoll, die chaotische Vielfalt, das Nebeneinander von Scheußlichkeiten und Kostbarkeiten, Spitzendecken, Porzellan, Fotos, Nippes und Gemälden. Objekte, so banal sie sein mögen, sind Überbleibsel gelebter Existenzen. Die Wählscheibe eines alten Telefons, ein ausgemusterter Kinderwagen, eine Stimmgabel, Klaviertasten, Puppenaugen, Tintenfässer – Fragmente, aus dem Zusammenhang gerissen, in dem sie irgendwann einmal ihre Funktion erfüllten.

Wenn ich auf Flohmärkten unterwegs war, dann immer getreu dem Motto von Picasso: »Ich suche nicht, ich finde.« Es ging mir darum, Objekte zu finden und sie aus der babylonischen Gefangenschaft ihrer Zweckhaftigkeit zu befreien. In einem anderen Kontext, im Rahmen meiner Installationen, erwachten die *objets trouvés* zu neuem Leben. Das Uhrwerk einer Turmuhr aus Holland etwa, das ich mir geliehen hatte, wurde Bestandteil meiner Installation »Chronos und die Unendlichkeit«.

Wir Künstler, die wir mit Alltagsobjekten arbeiten, haben einen Vater: Marcel Duchamp. Er hatte sich 1914 in einem Pariser Warenhaus einen Flaschentrockner gekauft, einen völlig banalen Gegenstand, den er signierte wie ein Kunstwerk. Dasselbe machte er mit einem Urinal, das er in einem Sanitärgeschäft erstanden hatte. Die Kunstwelt stand kopf.

Der künstlerische Akt bestand allein in der Auswahl des Gegenstands. Ich musste daran denken, als ich zufällig auf ein paar gläserne Isolatoren stieß, die früher mal bei Überlandstromleitungen eingebaut wurden. Ich kaufte sie und machte sie zu Positionslichtern in meiner Installation »Vergebliche Expeditionen«.

Konrad verfolgte meine neuen Arbeiten mit Vergnügen. Er neigte zwar, was seinen Kunstgeschmack betraf, zur Klassischen Moderne, aber er war stets neugierig. Er hatte nie aufgehört, Forscher zu sein.

Meine erste große Ausstellung fand im Herbst 1992 statt, im Park Sanssouci in Potsdam: eine Installation, die die Römischen Bäder in ein Gesamtkunstwerk verwandelte. Sie war gedacht als Hommage an den Architekten Karl Friedrich Schinkel, nach dessen Plänen sein Schüler Ludwig Persius das Ensemble gebaut hatte.

Die Römischen Bäder waren Ausdruck der romantischen Italiensehnsucht des Bauherrn, Friedrich Wilhelm IV., König von Preußen. Ich gab der Installation den Titel »Col lume di un sorriso – Fragmente der Sehnsucht«.

Mein Freund, der Architekt Philip Johnson, war ein großer Schinkel-Kenner, deshalb hatte ich ihn im Zuge der Vorbereitungen um ein Interview gebeten. Wir unterhielten uns in seinem Büro im New Yorker Lipstick-Building. Die Videoaufzeichnung lief dann in der Ausstellung auf einem Monitor im Grünen Zimmer, im Kamin. Davor, diagonal, schwarze gusseiserne Stühle von Schinkel.

Ich ließ ein Floß bauen, bestückt mit zwölf *ferri*, den typischen metallenen Bugbeschlägen der venezianischen Gondeln. Außerdem fand ich Rampenlichter aus einem alten Theater. Das Caldarium war mit grünblauem Wasserglas ausgelegt, auf dem eine Zinkbadewanne schwebte, die wie ein schwimmendes Boot aussah, ein Boot mit Frauenarmen. Die Frauenarme aus Gips stammten – wie die meisten anderen Requisiten auch – aus den Filmstudios von Babelsberg.

Eine Inszenierung, in der die Träume des nostalgischen Preußenkönigs wieder zum Leben erwachten, verfremdet, neu interpretiert.

Der Tag der Eröffnung war ein strahlender Herbsttag, so hatten die Besucher Gelegenheit, unter dem stahlblauen Abendhimmel durch die Szenerie zu wandeln. Völlig unvermutet tauchten zwei vertraute Gesichter auf: Philip Johnson und sein Freund

David Whitney, die eigens aus New York angereist waren. Was für eine wunderbare Überraschung.

Mein Freund Matteo Thun gratulierte mir zu der Installation, meinte jedoch, sie sei ihrer Zeit voraus. Ein Jahr später wäre richtig gewesen.

*

In diese Zeit fiel meine Begegnung mit Johannes Willms. der ein Freund fürs Leben wurde, bis heute. Ich war nach Venedig gereist, im Anschluss an irgendeine Premiere. Bob Wilson hatte mir einmal den Rat gegeben, nach einer Premiere stets abzureisen, egal, wohin. Den Rat beherzigte ich seither. Ich war also nach Venedig gereist, wo gerade ein Kultursymposium stattfand. Bei Tisch saß mir ein Mann gegenüber, der sich als Johannes Willms vorstellte, Leiter der ZDF-Kultursendung *aspekte*. Ich war von seinem Esprit bezaubert. Es war einer dieser seltenen, kostbaren Augenblicke im Leben: Zwei Menschen begegnen einander, und eine nie bewusst gesäte Saat geht auf.

Tags darauf besuchten wir die Frari-Kirche und standen andächtig vor Tizians Altarbild »Assunta«. Wir spazierten durch die Stadt, die wir beide so liebten, und er lud mich in die Osteria Oriente ein.

Was mich an Willms beeindruckte, war seine profunde Bildung. Er hatte unter anderem Alte Sprachen, Geschichte und Politikwissenschaft studiert. Der große Historiker Reinhart Koselleck war sein Doktorvater. *Das literarische Quartett*, die legendäre Sendung mit Marcel Reich-Ranicki, war seine Erfindung. Bei aller Belesenheit war Willms nicht nur Kopfmensch, sondern ein Mann, der das Leben genoss. Gutes Essen, guten Wein, schöne Frauen.

In München war er dann Feuilletonchef der *Süddeutschen Zeitung*. Viele Jahre residierte er mittags an seinem Ecktisch im

Weinhaus Neuner. Man aß bayerische Nouvelle Cuisine, und bis der Nachtisch kam, waren ihm wieder viele Ideen für Kolumnen oder Serien zugeflogen, die er flugs bei seinen Autoren in Auftrag gab. Sein Motto:»Ich schwängere, andere müssen die Ideen austragen.«

Hin und wieder hat er mich »geschwängert«, und ich musste die Idee dann austragen. So schrieb ich den Aufsatz »Der Latin Lover«, in der Serie »Verblasste Mythen«. Vorbilder für den Aufsatz hatte ich zur Genüge kennengelernt, in Paris oder Rom. Einer von ihnen, ein spanischer Grande, José Luis de la Vilallonga, sah aus, wie ein Grande auszusehen hat. Groß, schlank, dunkles, leicht gewelltes Haar, glühende Augen, schöne Hände. Nicht umsonst wurde er gelegentlich in Kinofilmen als verführerischer Aristokrat besetzt, in *Frühstück bei Tiffany* zum Beispiel. Wir aßen oft zu Mittag, meist in dem mondänen Eckrestaurant des Hotels Plaza Athénée. Er sprach gern von seinem Freund, König Juan Carlos, dessen offizielle Biografie er verfasst hatte. Einmal lockte er mich in seine Wohnung unter dem Vorwand, er wolle mir die Orden seiner Vorfahren zeigen. Kaum waren wir dort, schlugen Fäuste von außen gegen die Tür. Die Fäuste von Frau Vilallonga oder von irgendeiner eifersüchtigen Freundin. Ich wollte das nicht genauer wissen und verzog mich schleunigst. Am nächsten Tag fand ich in meinem Hotel einen großen Blumenstrauß vor. Hundert rote Rosen.

Zurück zu Willms, zurück nach Venedig. Für die Installation in Sanssouci war ich auf der Suche nach den schwarzen, mit goldenen Ornamenten verzierten Seitenflügeln einer Gondel. Ich wurde in einer Gondelwerft fündig. Mein Freund Johannes Willms schleppte – wie Simon von Kyrene das Kreuz – die Hölzer zum Vaporetto. Am Flughafen erregten wir Aufsehen. Zwei Passagiere, die offenbar eine Gondel als Gepäck aufgeben wollten.

Eigentlich harmlos, im Vergleich zu all den Dingen, die Bob Wilson schon als Handgepäck bei sich hatte. Sieben Keramikbüsten, Speerspitzen und dergleichen. Wenn er an der Sicherheitskontrolle Schwierigkeiten bekam, schrie er:»I am an artist!« Das Thema Gepäck erinnert mich an ein Erlebnis, das Bob mit der berühmten Opernsängerin Jessye Norman hatte. Sie beabsichtigte, am New Yorker Flughafen JFK mit einem riesigen Schrankkoffer einzuchecken, darauf die Dame am Schalter: »Miss Norman, you have overweight.« Die füllige Diva bezog die Äußerung auf sich, schrie Zeter und Mordio, und das mit der Stimme, die ganze Opernhäuser füllt. Die arme Schalterdame war völlig verdattert.

*

Fünfzig Jahre Kriegsende, der Jahrestag stand 1995 an, und das Münchner Stadtmuseum wollte ihn mit einer Installation von mir begehen. Dr. Till, der Museumsdirektor, beauftragte mich, ein Ruinenprojekt zu inszenieren. Wie sollte man eine moderne Inszenierung in dem spätgotischen Waffensaal gestalten? Noch dazu war er gerammelt voll mit historischen Kampfgeräten, so weit das Auge reichte, Schwerter, Prunkpanzer, Pistolen, Flinten, Büchsen, Gewehre, Karabiner.

Der liebenswürdige Wolfgang Till fragte mich, was genau aus dem Saal entfernt werden solle. Ich antwortete:»Alles.« Was ich denn in die leeren Räume zu platzieren gedächte, wollte er wissen. Ich murmelte etwas von *work in progress*. Eine genaue Vorstellung hatte ich noch nicht wirklich. Der Saal wurde also geräumt, und ich machte mich an die Arbeit. Im Bauhof der Stadt München entdeckte ich den Erstguss eines Beins vom Friedensengel. Der Fund ließ mich erschauern: Die sechs Meter hohe Figur, 1899 in Bronze gegossen, zeugte vom Dank für die Segnungen des Friedens. Symbolträchtiger ging's nicht. Mit dem

Engelbein hatte ich meinen Protagonisten gefunden. Das ungewöhnliche Objekt kam in die Fluchtlinie des Saales. Ich behandelte den Raum wie ein Kirchenschiff mit zehn Seitenaltären. Es wurden keine Altäre, sondern die Engelflügel rechts und links säumten den Eingang, und seitlich öffneten sich Räume. Jedes Seitenschiff hatte einen Titel. Auf dem Wasserglas »Meer des Vergessens« lagen Objekte. Das Ensemble »In Charons Nachen« wurde ein Bühnenbild.

Im Vorraum installierte ich ein »Eisernes Theater«, bestückt mit Exponaten der Waffensammlung, ergänzt durch Leihgaben des Kunsthistorischen Museums in Wien, napoleonische Gewehre und eine Schandmaske. »Ornamente der Gewalt« hieß der Raum.

Die Musik, nicht zu vergessen. Der Klangkünstler Hans Peter Kuhn hatte eine düstere, einschüchternde Komposition geschaffen. Die Klänge untermalten die ohnehin schon beklemmende Atmosphäre.

Günter Krämer, der Generalintendant der Kölner Bühnen, rief bei der Vorbesichtigung aus: »Sie müssen meinen *Parsifal* machen!« August Everding bestätigte.

Kleine Anmerkung am Rande: Zwei Jahre später sollte es tatsächlich zu meinem ersten Bühnenbild für *Parsifal* kommen. Aber nicht für Krämer, sondern für Bob Wilson. Und nicht in Köln, sondern in Bonn.

Als hätte mich die Arbeit im Münchner Stadtmuseum nicht genügend ausgelastet, wurde mir mittendrin ein weiterer Auftrag erteilt, vom Münchner Kulturamt. Ich sollte eine permanente Stadtrauminstallation entwerfen, und zwar aus den Trümmern des Siegestors. Also pendelte ich zwischen dem Ruinenprojekt im Museum und dem Bauhof, wo die Stadt die Steine aus dem bombardierten Siegestor aufbewahrte.

Ich wurde eine »Trümmerfrau«.

Die Münchner Installation war vier Monate lang zu sehen und erreichte Kultstatus. Mich hat besonders gefreut, dass so viele junge Menschen kamen. Der Andrang war so groß, dass die Ausstellung sogar verlängert wurde. Der Verleger Michael Krüger schlug vor, man sollte in den Räumen Dichterlesungen veranstalten. Wolfgang Till war hochzufrieden.

Ein Bildband dokumentierte die Installationen, Titel: *Les beaux restes – Bilder der Vergänglichkeit.* Jack Richmond, ein Freund meines Sohnes Christoph, war der Fotograf. Anlässlich der Premiere gab Hubert Burda ein Essen. Er war mein Tischherr zur Linken, rechts neben mir saß Franz Prinz von Bayern, und neben ihm war eine attraktive Frau platziert, die erstaunlich versiert über Kunst parlierte. Kein Wunder, sie war trotz ihrer jungen Jahre bereits eine arrivierte Kunsthändlerin, spezialisiert auf Zeichnungen alter Meister. Kürzlich hatte sie für 7,4 Millionen Dollar ein Blatt von Michelangelo ersteigert, im Auftrag des Getty-Museums. Ihr Name: Katrin Bellinger.

Katrin ist nicht nur mir aufgefallen. Im Jahr darauf wurde sie meine Schwiegertochter. Christoph und Katrin heirateten in Hösel, anlässlich der Taufe ihres ersten Sohnes Paul. Sie bezogen ein wunderschönes Haus in London.

*

Wie so oft in unserer Familiengeschichte lagen Glück und Schmerz dicht beieinander: erst die Hochzeit, dann ein Schicksalsschlag.

Im Mai 1996 bekam Konrad erneut einen Herzinfarkt. Er war mit Freunden auf einem Boot in der Ägäis unterwegs, es sollte ein entspannter Urlaub sein, und plötzlich – Lebensgefahr! SOS auf hoher See. Er musste schnellstmöglich ins nächste Krankenhaus ausgeflogen werden. Endlich tauchte der Helikopter am Himmel auf. Die Rettungsaktion gelang. Konrad erholte sich von der Operation, aber er war in keiner guten Verfassung. Sein Herz blieb schwach. Er war auf Pflege angewiesen.

Ich reduzierte mein Pensum an der Universität. Bazon Brock hatte mich nach Erscheinen meines Buches *Tafelbilder* zur Honorarprofessorin ernannt, eine Ehre, aber nun wollte ich so wenig wie möglich in Wuppertal sein und mich stattdessen um Konrad kümmern. Neue Aufträge nahm ich nicht mehr an, sondern erledigte nur noch die Verpflichtungen, die ich fest zugesagt hatte.

Dazu gehörte mein Bildband *Heine. Ein Bildermärchen*, eine Hommage an Heinrich Heine, den ich mein Leben lang verehrte. Meine Affinität zu Heine begann schon während der Schulzeit. Für ein in Düsseldorf aufgewachsenes Mädchen war das naheliegend, trotzdem: Gerade Düsseldorf hat sich mit der Ehrung des polemischen Dichters lange schwer getan, ein Denkmal gab es erst seit 1981. Goethe und Schiller, ihnen war Deutschland stets in ungeteilter Bewunderung verbunden. Heine hat polarisiert, schon zu Lebzeiten.

Sein Geburtstag jährte sich 1997 zum zweihundertsten Mal. Für Düsseldorf ein besonderes Ereignis, und das Jubiläum sollte feierlich begangen werden. Ich wurde um die szenische Gestaltung des Festaktes gebeten.

Wie, das war die Frage, sollte ich mich als Künstlerin Heinrich Heine nähern? Es galt, eine Brücke zu schlagen von dem Wortkünstler und seinen Sprachbildern hin zu meinen Assoziationen und Sinnbildern.

Ich beschloss, fünf Installationen zu schaffen, die Zeugnis von Heinrich Heine und Stationen seines Lebens ablegten. Als Fotograf wählte ich wieder Jack Richmond, er sollte die Arbeiten dokumentieren, das war die Idee des Bildbandes. Ein Bildermärchen.

Zunächst begaben wir uns nach Paris. Die Stadt war ein

Sehnsuchtsort des Dichters, dort verbrachte er seine zweite Lebenshälfte, auf dem Friedhof von Montmartre ist er auch begraben.

Unser Arbeitsplatz war das Palais Garnier, die ehrwürdige Pariser Oper mit ihren endlosen Korridoren und den riesigen Kellergewölben, wo der Staub eines Jahrhunderts in der Luft lag. Einen unterirdischen See gab es auch, deshalb hatte der Architekt das Opernhaus auf Stelzen gebaut. Eine traumhafte Kulisse. In ihr inszenierte ich meine Stillleben.

Heine hatte einem Freund geschrieben, er fühle sich in Paris wie ein Fisch im Wasser. Also ließ ich auf einem Bild einen Plastikfisch in die Badewanne springen. Auf einem anderen Bild steckt ein Papagei seinen Kopf aus einer Portiere, Anspielung auf Mathilde, die französische Ehefrau von Heine, die ihren Vogel später mehr liebte als ihren Mann. Assoziationen mit Augenzwinkern. Ironie mit Trauerflor, das kennzeichnet die Poesie von Heinrich Heine.

Eher kontemplative Sequenzen entstanden in der Chapelle Saint-Louis de la Salpêtrière. Ein Spitzenschal, wie Mathilde ihn trug, auf zwei Kirchenstühlen, ein zerfleddertes Messbuch mit dem Johannes-Evangelium, ein Schmetterling auf dem Taufbecken. Reflexion über Heines Verhältnis zur Religion.

Insgesamt fünf Wochen verbrachte ich in Paris. Ich durfte liebenswürdigerweise in der Wohnung des Galeristen Thaddaeus Ropac wohnen, im vierten Arrondissement. Schon am zweiten Tag begrüßten mich die Kellner im Café wie eine alte Bekannte.

Es folgten die Stationen in Deutschland. Im Park von Schloss Dyck stellte ich Heinrich Heine und seinen politischen Feind Fürst Metternich, das heißt ihre Gipsbüsten, nebeneinander. Im Nebel.

In Düsseldorf fand sich eine verlassene Fabrikhalle von Mannesmann, ich baute Gerüste auf und schrieb mit Holzkohle all die Namen auf die Wände, die in Heines Vita eine Rolle gespielt hatten.

Heine. Ein Bildermärchen wurde ein schönes Buch, über das ich sehr glücklich war. Auf der Frankfurter Buchmesse im Herbst 1997 hatte es Premiere. Ich stattete Bundeskanzler Kohl einen Besuch ab, mit dem Anliegen, er möge doch bitte dem französischen Präsidenten Chirac, ebenfalls Schirmherr des Heine-Jubiläums, eine offizielle Einladung zu dem Festakt in Düsseldorf zukommen lassen. Abgesehen von dem Glanz, den seine Anwesenheit auf die Zeremonie in der Deutschen Oper am Rhein werfen würde, hatte ich einen Hintergedanken. Bei Staatsbesuch müsste die Stadt den Stadtgraben weiträumig absperren, und das gäbe mir die Gelegenheit, auf dem Wasserspiegel eine schwimmende Installation zu machen.

Kohl holte sein grünes Notizbuch aus der Tasche und sagte knapp: »Am 13.12. haben wir Gipfel in Straßburg.«

Immerhin verschaffte er mir kurzfristig eine Audienz im Élysée-Palast, und so lernte ich den französischen Präsidenten kennen. Er empfing mich freundlich, erkundigte sich nach dem Ergehen der Firma Henkel, tauschte mit mir Gedanken über die deutsch-französischen Beziehungen aus, und nach einer Stunde bei Kaffee und Mineralwasser geleitete er mich zum *Cour d'honneurs* und verabschiedete sich mit Handkuss, nicht ohne mir ein gutes Gelingen der Gedenkfeier zu wünschen.

»Heinrich Heine scheidet bis heute die Geister«, begann Bundespräsident Roman Herzog seine Ansprache im Opernhaus. Und er schloss sie mit den Worten: »Als er einmal an seine Mutter schrieb: ›Es ist mir nichts geglückt in dieser Welt‹, hat er sich doch wohl geirrt. Er hat unzählige Leser, die er bis heute beschenkt, beglückt.«

Zu meiner großen Freude konnte auch Konrad an der Veranstaltung teilnehmen, wenngleich mit Mühe. Die Probleme mit dem Herzen belasteten ihn sehr. Er mied die Öffentlichkeit, zog sich immer mehr zurück.

*

In seinen letzten Lebensjahren suchte Konrad die Stille, er sprach immer weniger, irgendwann fast gar nicht mehr. Er war völlig in sich gekehrt. Die Krankheit hatte ihn zermürbt. Er lag im Bett oder saß in seinem Sessel und schwieg. Ich wusste nicht, wie ich damit umgehen sollte. Was ging in ihm vor? Dachte er an den Tod?

Es war ein beklemmendes Gefühl, nebeneinander herzuleben, mir war das fremd. Ich kannte immer nur: miteinander. Über vier Jahrzehnte hinweg hatte jeder von uns beiden am Leben des anderen Anteil genommen. Und jetzt? Ich war ratlos.

Ich konnte ihn meine Liebe nur spüren lassen, umarmte ihn, wusch ihn.

Im Krankenhaus war Konrad ein dankbarer, nobler Patient. Noch auf der Intensivstation erhob er sich, wenn der Arzt ins Zimmer kam.

Er starb am 24. April 1999 im Alter von dreiundachtzig Jahren.

Todtraurig schuf ich meine schmerzvollste Installation. Ich ließ den Sarg in der alten Empfangshalle der Firma aufbahren, verhüllt mit kupferfarbenem Chintz. Auf dem Podest lagen Blumen, weiße Lilien und Kirschblüten, einige zerpflückt. Im Halbdunkel der Halle leuchteten nur die Kerzen; sie standen auf schwarz lackierten Tabletts, scheinbar willkürlich verteilt rund um den Sarg. Zwei schwarze Fahnen säumten den Eingang, zwei Kränze aus weiß-gelben Rosen schmückten die Passage.

Sechstausend Mitarbeiter kamen, um Konrad Henkel die letzte Ehre zu erweisen.

6.

Auf den Flügeln der Zeit

Die Lücke, die ein geliebter Mensch hinterlässt, der verstorben ist, bedeutet: Schmerz, den größten Schmerz, den das Schicksal uns zufügen kann. Der Boden unter den Füßen ist weg. Ein dunkler Abgrund tut sich auf. Wie weiterleben? Das Haus fühlte sich leer an, das Herz auch. Unendliche Leere. Ich war nun allein. Mein Sohn Christoph war mir eine Stütze. Auch meine liebevollen Freunde haben mir Trost gespendet. Aber letztendlich war ich es, die damit fertigwerden musste, dass er nicht mehr bei mir war, der Unersetzliche.

»Auf den Flügeln der Zeit fliegt die Traurigkeit dahin«, ein Wort des großen französischen Schriftstellers Jean de La Fontaine. Würde es sich auch für mich als wahr erweisen? Ich konnte es mir nicht vorstellen. Ich stürzte mich in die Arbeit. Es gab viel zu tun. Da war die Sammlung Henkel, neue Ankäufe. Da war das Museum of Modern Art, die Sitzungen des Internationalen Beirats. Da war mein Lehrauftrag in Wuppertal, den ich in letzter Zeit vernachlässigt hatte. Bazon Brock nahm mir das übel. Ich widmete mich auch wieder verstärkt meiner journalistischen Tätigkeit, schrieb Aufsätze, veröffentlichte Gespräche mit interessanten Persönlichkeiten.

Halt gegeben hat mir der Glaube. Und die Kunst natürlich. Kunstwerke, die für Kirchen geschaffen wurden, gehörten schon immer zu meinen schönsten Erlebnissen.

Über Kunst und Religion habe ich mich intensiv mit Hans

Belting unterhalten, dem hochgebildeten Kunsthistoriker. Er hat ja bedeutende Bücher zu dem Thema geschrieben, *Bild und Kult* zum Beispiel, oder die *Bild-Anthropologie*, eine Abhandlung zum Verhältnis von Bild und Tod. »Es gibt gute und schlechte Bilder, aber keine alten und neuen«, ist ein Satz von ihm, den ich in Erinnerung behalten habe.

Belting erzählte mir von seinem Traum eines unsichtbaren Bildes, ich hörte ihm verständnislos zu. Wozu sollte ein unsichtbares Bild gut sein? Ich hielt dagegen, dass es unsichtbare Bilder doch schon gab – in der Musik. Beethoven hat in seinen Klavierkonzerten unsichtbare Skulpturen geschaffen, unfassbar wie Wolken am Himmel.

Überhaupt, Musik, welch eine wundervolle Welt. Musik ist das Reich der Seele. Beethoven, gespielt von Alfred Brendel, klingt plötzlich gar nicht mehr schwermütig und düster, sondern heiter wie Mozart. Und Mozart wiederum war auch nicht nur heiter, siehe sein Requiem, seine Messen oder die Opern. Er versteckte seine Düsternis grazil in koketten Libretti. Dank der Tonträger haben die schönsten Interpretationen überlebt, Furtwängler, Karajan, Harnoncourt. Man kann eine Klaviersonate von Beethoven zwanzigmal hintereinander hören, man wird ihrer nicht überdrüssig, genauso wenig wie man sich am Gemälde »La Fête Champêtre« sattsehen könnte. Das Bild gibt sein Geheimnis nicht preis. Das beginnt schon bei der Frage, wer es überhaupt gemalt hat. Giorgione? Oder doch Tizian? Oder beide zusammen? Und wer sind die Figuren, die abgebildet sind, welche Bedeutung haben sie? Belting vermutete, dass es sich bei dem Mann mit der Laute in der Bildmitte um ein Selbstporträt des Malers handelte. Giorgione war in Venedig ja auch als Lautenspieler berühmt.

Ein anderes Gemälde, das mich nie losgelassen hat, ist »Die Einschiffung nach Kythera« von Jean-Antoine Watteau. Es birgt ebenfalls ein unergründliches Geheimnis. Selbst die Kunsthistoriker waren sich nie im Klaren darüber, ob es sich um ein heiteres oder um ein trauriges Bild handelt. Strahlen die Menschen, die wir da sehen, Aufbruchstimmung aus, Vorfreude auf Kythera, die Insel der Liebe? Oder sind sie wehmütig, weil ihre Abreise bevorsteht, die Vertreibung aus dem Paradies?

Das Bild ist so schön, dass es mich immer an den Satz von Aristoteles erinnert:»Etwas ist schön, wenn nichts zu ihm hinzugefügt und nichts von ihm weggenommen werden kann.«

Jetzt bin ich abgeschweift.

Oder doch nicht.

*

Im Frühling 2001 gründete ich die Kythera-Stiftung. Sie rief den Kythera-Preis ins Leben, einen internationalen Kulturpreis, mit dem künftig alljährlich eine Persönlichkeit ausgezeichnet werden sollte, die sich um den Kulturaustausch zwischen Deutschland und den romanischen Ländern verdient gemacht hat. Vorsitzender der Stiftung wurde Dr. Johannes Willms.

Wenn ein Mann für die kulturelle Osmose stand, die der Kythera-Stiftung am Herzen lag, dann war es mein Freund Willms. In Sevilla hatte er studiert, in Paris war er Korrespondent, in Rom und Venedig fühlte er sich so gut wie zu Hause, außerdem hat er Biografien von Napoleon, Balzac, Stendhal und Talleyrand verfasst. Er war der ideale Kulturaustausch in Person.

Unser Blick auf Kythera war also: Aufbruchstimmung.

Wir steckten mitten in den Vorbereitungen, da starb meine geliebte Schwester Hete. Sie war schon seit über zehn Jahren schwer krank gewesen, dennoch traf mich ihr Tod überraschend. Tags zuvor war sie noch zu Besuch in Hösel und an der Chamissostraße gewesen, als ob sie Adieu sagen wollte. Ihr Zimmer im Hospiz war mit Sommerblumen geschmückt, ich war bei ihr in ihren letzten Stunden – nur eine Stunde nicht. In der Zeit starb sie. Vielleicht fiel es ihr leichter, das Lebenslicht erlöschen zu lassen, als sie allein war.

*

Für die ganze Welt, für die Geschichtsbücher, ist die Erinnerung an das Jahr 2001 mit den Terroranschlägen in New York verbunden. Am 11. September entführten Attentäter der islamistischen Terrororganisation al-Quaida zwei Linienflugzeuge und steuerten sie barbarisch in die Türme des World Trade Centers. Das Wahrzeichen der Stadt ging in Flammen auf. Dreitausend Menschen verloren ihr Leben.

Ich starrte auf die Fernsehbilder, traute meinen Augen nicht. Die Szenen, die sich dort abspielten, waren so unglaublich, sie überstiegen jegliches Fassungsvermögen; man hätte meinen können, es wären Sequenzen aus einem surrealen Science-Fiction-Film. Aber nein, es war Realität. Eine Tragödie.

Kurz darauf konnte ich mir selbst ein Bild machen. Das Museum of Modern Art lud zur Herbsttagung des Internationalen Beirats, ich flog nach New York. Bei erster Gelegenheit machte ich mich auf den Weg zu einem Polizeirevier in der Nähe von Ground Zero. Die Polizisten waren sehr erstaunt: Was ich hier zu suchen hätte, wollten sie wissen. Ich erwiderte: »I want to pay my respects.«

Die Wände waren mit herzergreifenden Kinderzeichnungen tapeziert. Ich vergoss Tränen, als ich las, wie rührend die Kinder Danke sagten. Ob es eine Kasse für die Angehörigen der Opfer gebe, fragte ich.

Ich wollte unbedingt Ground Zero sehen. Der Officer bot an, mich hinzufahren. Ohne polizeiliche Begleitung war das Betreten verboten. Es war erschütternd: Wo früher die mächtigen Türme in den Himmel ragten, war alles dem Erdboden gleichgemacht. Ein qualmendes Trümmerfeld. Zum Glück ist Konrad der Anblick erspart geblieben. Uns Europäern, insbesondere uns Deutschen meiner Generation, sind Ruinen noch in Erinnerung. Sie sind Teil unseres kollektiven Gedächtnisses. Fast alle deutschen Städte lagen 1945 in Schutt und Asche. Kinder spielten in den Trümmern, als seien es Bauklötze. Aber Amerika, *God's Own Country?* Ein Feind von außen, ein Angriff mitten ins Herz ihrer größten Stadt, das war für die Amerikaner ein Schock. In das Jahr, kurz vor Weihnachten, fiel auch mein 70. Geburtstag. Siebzig? Die Zahl passte nicht zu mir. Ich fühlte mich alterslos. Andererseits musste ich nur Christoph anschauen. Mir war noch gegenwärtig, wie ich sein Kinderzimmer eingerichtet hatte, und nun stand ein Mannsbild vor mir, dessen Haare an den Schläfen schon grau waren. Er hatte mir einen Enkel geschenkt, Paul, ein prächtiger Junge. Der zweite, Johannes, sollte bald folgen. Familie Henkel, die nächste Generation. Ich war immer gern zu Gast in ihrem viktorianischen Haus in London, nahe Notting Hill, oder in ihrem herrlichen Anwesen in Colorado, in den Bergen, auf fast dreitausend Metern Höhe, landschaftlich eine Mischung aus Tirol und der Steiermark, im Winter ein verschneites Paradies wie aus dem Adventskalender.

Weihnachten, wie schön war das Fest, als Konrad noch lebte. Weihnachten im Kreise der Familie. Dazu musste in Hösel der Pavillon genutzt werden, in dem hundert Personen Platz hatten. Die Henkels waren eine weit verzweigte Familie, sämtliche Gesellschafter der Familienfirma und ihre Angehörigen eingerechnet. Ein Ritual war das sogenannte Bücherkrabbeln. Jeder brachte zwei Bücher mit, die auf dem großen Geschenktisch gestapelt wurden, und dann war Bescherung. Manche kamen mit prächtigen Bildbänden, andere mit mageren Taschenbüchern. Eine Nichte von Konrad gehörte zur ersten Kategorie, sie befürchtete aber, dass ihre großzügige Geste in dem anonymen Stapel untergehen könnte, deshalb schlug sie vor, man möge den Namen des Spenders mit Bleistift im Buch vermerken. Albrecht Woeste, ein Neffe von Konrad und auch sein Nachfolger als Vorsitzender des Gesellschafterausschusses, übertraf sich jedes Jahr selbst mit neuen, amüsanten Anregungen, wie das Bücherkrabbeln vor sich zu gehen habe.

Anschließend wurde das festliche Buffet eröffnet: Kaviar, Hummer, Austern, Gänseleberpastete. Konrad hielt eine Rede. Die »Neuen«, also frisch Angeheiratete oder Verschwägerte, mussten ein Weihnachtslied singen oder ein Musikstück spielen.

Heitere Erinnerungen.

Oder unsere Reisen nach New York in der Adventszeit, als Christoph noch in der Stadt lebte. Wir bummelten durch die festlich geschmückten Straßen, das Empire State Building ragte aus dem Lichtermeer wie ein Weihnachtsbaum. Fröhliche Schlittschuhläufer tanzten ihren Reigen um die riesige Tanne im Rockefeller Center. Die Spitze des Chrysler Building leuchtete. Und zur Skyline gehörten natürlich die beiden unübersehbaren Türme des World Trade Centers.

Natürlich?

Diese Selbstverständlichkeit gab es nicht mehr, das wurde mir ein für alle Mal bewusst, als die Türme fielen. Die Terrortat war auch ein Anschlag auf unser westliches Selbstverständnis und unsere Werte. Er traf die Metropole der westlichen Welt, er riss ein Loch in ihre Silhouette, er zerstörte ihr Wahrzeichen. Ein historischer Einschnitt. Ich spürte, unser *way of life* würde nie mehr so selbstverständlich, so bedenkenlos, so unbesorgt sein.

»America under attack«, lautete die Parole. Krieg lag in der Luft. Es dauerte nicht lange, da holte Präsident George W. Bush zum Vergeltungsschlag aus und marschierte in Afghanistan ein. Es folgte der Krieg im Irak.

Selbst kritische und intellektuelle Künstler wie mein Freund Frank Stella hielten die militärische Reaktion für gerechtfertigt. Ich war anderer Ansicht. Wir diskutierten intensiv darüber. In meinen Augen war der Irakkrieg eine Katastrophe, ebenso der folgende, nicht zu gewinnende Krieg am Hindukusch. Ganz zu schweigen von dem unmenschlichen Gefangenenlager Guantanamo. Folter, Tortur, dadurch lassen sich Menschen nicht eines Besseren belehren. Bekehren schon gar nicht.

*

Die erste Verleihung des Kythera-Preises fand 2002 in Venedig statt. Preisträger war der deutsche Verleger Klaus Wagenbach. Eine würdige Wahl. Wagenbach hat sich als leidenschaftlicher Verleger und Förderer italienischer Autoren verdient gemacht. Überhaupt waren Wagenbach und Italien untrennbar miteinander verbunden. Gleich nach Kriegsende war der junge Berliner mit dem Fahrrad in den Süden gefahren, seither hat ihn die Liebe zu dem Land nicht mehr losgelassen. Antrieb waren »Hedonismus, Anarchie und Geschichtsbewusstsein«, so seine Worte. Oder anders ausgedrückt: Wer konnte so schwärmerisch ein Loblied auf die italienische Küche singen? Wer hatte das Vertrauen des linken Revolutionärs Giangiacomo Feltrinelli und hielt dessen Grabrede? Wer war so verrückt, die fünfundvierzigbändige Gesamtausgabe von Giorgio Vasari zu publizieren, einem Kunsthistoriker aus der Renaissance? Nur ein Mensch: der Verleger Klaus Wagenbach. Unser erster Kythera-Preisträger.

Kurz darauf wurde mir selber große Ehre zuteil. Bundespräsident Johannes Rau verlieh mir 2003 das Verdienstkreuz Erster Klasse. Peer Steinbrück, der Ministerpräsident von Nordrhein-Westfalen, suchte mich in meinem Atelier in Düsseldorf auf, um mir den Orden zu überreichen. An die Brust zu heften, klingt ein bisschen zu direkt, aber so war es.

Der zweite Orden in meinem Leben. Den ersten hatte ich als Kind erhalten, nachdem mir im kriegszerstörten Düsseldorf ein brennender Balken auf den Fuß gefallen war. Als »Wiedergutmachung« bekam ich damals das Verwundetenabzeichen Dritter Klasse. Mit Hakenkreuz. Mehr als ein halbes Jahrhundert lag zwischen den beiden Orden. Ich musste daran denken, als ich den Bundesadler auf dem Verdienstkreuz sah. Die Bundesrepublik Deutschland zollte mir Anerkennung für meine Verdienste um die Kunst, das erfüllte mich mit Stolz.

Vertraute Gesichter waren bei der Zeremonie zugegen: Klaus Kinkel, der ehemalige Außenminister, und seine Frau Ursula, Markus Lüpertz, Mathieu Carrière, Peter Boenisch.

Peer Steinbrück sollte zwei Jahre später Finanzminister werden, im ersten Kabinett von Bundeskanzlerin Angela Merkel. Ich gab einen Empfang in Hösel, und die Einladung las sich so: »Anlässlich des Schiller-Jahres bittet Gabriele Henkel zur Vertrauensfrage in Wallensteins Lager im Höseler Wald am 30. Juni 2005.« Jeder wusste: Tags darauf würde im Bundestag über die Vertrauensfrage entschieden werden. Ich dekorierte die Tische mit Artikeln aus einem Nato-Shop, das Essen wurde auf Blechtellern serviert. Die Weinflaschen hatten keine Etiketten. Ein Lagerfeuer loderte im Hof, Pferde grasten auf der Wiese. Ein historischer Augenblick. Ende der Ära Schröder, Beginn der Ära Merkel.

*

Wir waren auf Bali, Bob Wilson und ich, zusammen mit ein paar Freunden, da kam Bob in mein Hotel, schenkte mir einen länglichen Stein mit einer Kordel dran und machte mir einen Heiratsantrag.

Ich war überrascht. Keine Frage, Bob war ein besonderer Mensch und ein genialer Künstler, außerdem waren wir seit mehr als zwei Jahrzehnten innig verbunden. Ja zu sagen, hätte bedeutet: ständig auf Reisen, das war Bobs Lebensstil, drei Kontinente in vier Wochen, völlig normal. Ich war mir nicht sicher, ob ich das gesundheitlich aushalten würde. Andererseits: Nein zu sagen, fiel mir unendlich schwer. Bob wollte, dass wir in Amerika heiraten. Er hatte schon unseren Freundeskreis eingeweiht. Ich war hin- und hergerissen. Schlussendlich, schweren Herzens, sagte ich: Nein. Auch ohne Trauring blieben wir Seelenverwandte, ja, in gewisser Weise auch Lebensgefährten. Unsere Wege kreuzten sich unaufhörlich. Bob schlug bei mir in Hösel sein kreatives Hauptquartier auf, als er für die Ruhrtriennale *Die Versuchungen des Heiligen Antonius* von Flaubert inszenierte. Ich half ihm bei den Vorbereitungen. Im Pavillon legten wir alle möglichen Bilder aus, die ich aus meinen Büchern kopiert hatte, Kupferstiche von Martin Schongauer, Paper Cuts von Matisse, Illustrationen von Dalí. Inspiration für die Skizzen zum Bühnenbild.

Das Projekt war vom Pech verfolgt. Mitten in der Arbeit musste ich Bob in die Universitätsklinik bringen – Leistenbruch. Noch in der Nacht nach der Operation kam er zurück nach Hösel, um weiterzuzeichnen. Dann die Probleme im Theater: Der Kostümbildner Jacques Reynaud war spurlos verschwunden. Kein Kostüm war fertig, die Stoffe reichten nicht. Alle Werkstätten waren heillos überfordert, von der Schneiderei bis zur Schlosserei oder Schreinerei. Bob stand händeringend da, vollgestopft mit Schmerztabletten.

Dennoch, am Ende gelang ihm wieder einmal das Unmögliche, die Aufführung übertraf alle Erwartungen. Allein schon der Auftakt: In einem Prozessionszug betraten sechzehn Sänger und Sängerinnen die Bühne, sie trugen Talare und hielten Stäbe mit Flugkörper-Vögeln in der Hand – eine fantastische Fata Morgana.

*

Die Frankfurter Buchmesse war stets ein Fixpunkt in meinem Jahreskalender, vor allem der Donnerstag, da gab ich jeweils ein Mittagessen im Hessischen Hof zu Ehren von Autoren, die ihr neues Buch vorstellten. Es waren nie mehr als sechzehn Gäste. Bei einem dieser Mittagessen war mir auch zum ersten Mal Hans Magnus Enzensberger aufgefallen, schon damals genial. Wir wurden Freunde, herzlich, aber immer höflich distanziert. Wenn ich ihm Orchideen oder Azaleen schickte, bedankte er sich artig für diese »Gewächse«. Ein merkwürdiger Ausdruck für Blumen. Als Arzttochter musste ich bei »Gewächsen« sofort an Tumoren denken.

Im Herbst 2010 stellte Hans Magnus sein Buch *Meine Lieblings-Flops* vor. Herrliche Essays, brillant, ironisch, ein Lesegenuss. Zwei Jahre später sahen wir uns wieder, im Konzerthaus am Gendarmenmarkt in Berlin. Mein Freund hielt die Laudatio auf den Regisseur Peter Stein, der mit dem Orden »Pour le mérite für Wissenschaften und Künste« geehrt wurde.

Der Auftritt des Laudators: grauer Anzug, gestärktes Frackhemd mit weißer Fliege statt Krawatte. Unser Dichterfürst.

*

Fünfzig Jahre ist es her, dass ich mit der Aufgabe betraut wurde, die Sammlung Henkel aufzubauen. Seither stand jeder einzelne Tag im Zeichen der Kunst. Ein gefühltes Leben lang.

Über zweitausend Kunstwerke habe ich angekauft, jedes hat seine Geschichte, jedes ist mit Erinnerungen verknüpft. Die Sammlung erzählt mein Leben, in Bildern.

So wie ich mich entschlossen habe, meine Lebenserinnerungen aufzuschreiben, in diesem Buch, so war es mir auch ein Herzensanliegen, der Öffentlichkeit Einblick in die Sammlung Henkel zu geben.

Ich habe daher zweiundvierzig Kunstwerke ausgewählt, ganz

subjektiv und instinktiv, unter dem Motto »Abstraktion«. Frank Stella war dabei, natürlich, ebenso Amédée Ozenfant, Robert Delaunay, Gerhard Richter, Ellsworth Kelly, Imi Knoebel. Im April 2016 eröffnete die von mir kuratierte Ausstellung im K20, dem Museum der Kunstsammlung Nordrhein-Westfalen. Dass später mein Freund Frank Stella eigens von New York angereist kam, um die Ausstellung zu sehen, war mir eine besondere Freude.

*

Die Einträge werden knapper, die Notizen spärlicher. Kein Wunder, die Erinnerungen rücken ja immer näher an die Gegenwart heran. Und so wahnsinnig viel Aufregendes passiert nicht mehr in meinem Leben. Oder soll ich von meinem Sommerurlaub auf Ibiza erzählen, den ich mit den Personen verbrachte, die sich auch im Haushalt in der Chamissostraße rührend um mich kümmern? Die Mobilität lässt nach, proportional zum zunehmenden Alter, was mich aber nicht gehindert hat, herrliche Bootsfahrten zu unternehmen, wobei ich am Steuer stand.

Ich war in New York, wie immer im Herbst, wenn der Internationale Beirat des Museum of Modern Art tagt. Ich war in Berlin, kurz vor Weihnachten, anlässlich der Verleihung des Kythera-Preises. Er ging an den brillanten Soziologen Wolf Lepenies, die Laudatio hielt mein alter Freund Michael Krüger.

Von Letzterem stammt der wunderbare Satz: »Mein Ziel ist es, den Menschen zu zeigen, dass ein Tag ohne die Lektüre eines Gedichts ein verlorener Tag ist.« Ich würde dasselbe über einen Tag ohne Kunst sagen.

*

Neulich saß ich in einem Café und beobachtete die Leute, die vorbeiliefen, es wimmelte von Menschen auf der Straße, umso mehr noch, als ich mir vorstellte, wie viele Menschen auf der Erde leben, über sieben Milliarden. Da dachte ich mir: In fünfzig Jahren seid ihr alle tot. Ich früher.

Das soll nicht trübsinnig klingen. »So ist der Weltlauf!«, schrieb Euripides zum Thema Vergänglichkeit. Für mich als gläubige Katholikin hat die Religion sogar Trost vorgesehen. Dennoch, der Tod ist ein Trauerspiel. Die meisten Menschen, die mir nahe standen, sind inzwischen verstorben. Sie fehlen mir. Ich bin oft einsam.

Ich hatte das Glück, dass viele meiner Freunde Künstler waren. Künstler sind unsterblich. Ich lese ihre Bücher, ich betrachte ihre Bilder, ich höre ihre Musik, und dann werden sie wieder lebendig. Es waren Freundschaften zu einer Zeit, als man sich noch Briefe schrieb. Ich blättere gern in den Briefwechseln, oft heitert mich das auf, manchmal macht es mich auch melancholisch.

Tempi passati.

Leben bedeutet, Augenblicke anzusammeln, die in Erinnerung bleiben.

1985 – heute

34   Bei dem Photographen Milton Greene.

1985 – heute

35   Konrad Henkel mit Löwe, dem Wappentier des Henkel-Konzerns, 1985.

36   Zum 70. Geburtstag von Konrad Henkel 1985 kam auch Helmut Schmidt.

1985 – heute

37   Beim 70. Geburtstag Konrad Henkel, 1985.

38   Konrad Henkels 70. Geburtstag, 1985.

1985 – heute

39   Meine Dekoration für ein Abendessen zu Ehren von Frank Stella, 1987.

40   Unser Freund Frank Stella, 1991.

1985 – heute

41 Gabriele Henkel, Photograph Stefan Moses, 1995.

42 Gabriele Henkel im Kostüm, 1988. © Antje Debus.

1985 – heute

43 Mit Bundespräsident Richard von Weizsäcker und Johannes Rau, der ihm später im Amt folgte.

44 Mit meinem Freund Teddy Kollek, dem Bürgermeister von Jerusalem.

1985 – heute

45 Labyrinth zum 70. Geburtstag von Henry Kissinger.

46 Dekoration zu Hause, 1993.

1985 – heute

47 Konrad Henkel.

49 Am 24. April 1999 starb Konrad Henkel. Der Sarg stand einen Tag in der Empfangshalle der Firma. 6000 Mitarbeiter kamen, um Abschied zu nehmen.

1985 – heute

48 Konrad und Gabriele.

1985 – heute

50   Installation für Christoph Henkel, 2006.

51   Abend für Hilmar Kopper zu Hause, 2008.

1985 – heute

52   Christoph begleitet mich zur Eröffnung der Ausstellung im K20 in Düsseldorf, wo die Kunstsammlung Henkel erstmals der Öffentlichkeit gezeigt wird, 2016.

53   Verleihung des Kythera-Preises 2016 an Wolf Lepenies, Soziologe und Schriftsteller.

1985 – heute

54 Ibiza, Sommer 2016.

7.

Ausgewählte Briefe

Hotel Vier Jahreszeiten · Restaurant Walterspiel

Absender ist nicht das Hotel

MÜNCHEN
Maximilianstraße 17 – Schließfach 1

1.August 62

Sei bedankt, Fiamissima, für Dein hier Vorgefundenes, und sei bewundert für Deine trotz Hitze ungebrochene Aktivität. ("Trotz Klinik" sage ich mit Absicht nicht, denn die ist - offenbar und hoffentlich - vorbei.) Was mit besonders imponiert, ist natürlich die Schiffstaufe, wobei ich mich überdies frage, ob in Israel in solchen Fällen eine Schiffsbeschneidung vorgenommen wird, oder was. Und wobei es mich lediglich betrübt, dass der Taufakt just in jenE Tage fällt, da ich mich der azurnen Küste bis Genf genähert haben werde und sie im Anschluss daran sogar anzusteuern bereit gewesen wäre. Herr in besten Jahren, gesch., gesich.Posit., kunst- und naturlbd., sucht Anschl. Findet ihn aber nicht wegen Schiffstaufe in Flensburg. Unter solchen Umständen ist es geradezu ein Glück, dass Du freiwillig von der enormen Hitze schreibst, die mir vermutlich auch durch meine andre Anschlussmöglichkeit (eine Einladung nach Venedig) einen Strich machen wird. Denn Hitze vertrag ich womöglich noch weniger als Salzburg - und damit ist, wenn mich nicht alles täuscht, die Unergiebigkeit dieses Sommers endgültig klargestellt. Wenn Du wüsstest, wie nicht ich nach Salzburg gehe, hättest kein weiteres Wort an mich verschwendet. Ich bin sogar nach Bad Gastein über den Semmering und den Pass Thurn gefahren, nur um Salzburg nicht berühren zu müssen. Aber das soll Dich natürlich in keiner Weise hindern, Deine Mozartröteln (für die Dir ein Bravo kömmt) zu heilen und mit der bewussten Kadidatenbesichtigung zu kombinieren.

Ich meinerseits bin also morgen und übermorgen in Zürich, werde unter den nunmehr gegebenen Umständen versuchen, meine Genfer Affairen telephonisch zu erledigen, und werde, auch wenn mir das nicht gelingt, am 4. oder 5., sei's aus Genf oder Zürich, wieder heimwärts steuern. Es sei denn, ich bekäme nach Zürich die Nachricht, dass in Venedig jähe Novemberfröste eingesetzt haben. Nach Antibes verhülfen mir nicht allein diese, denn Frost ohne Dich heisst nix. Und den Rest meiner Bewegungsfreiheit, die noch etwa 10-14 Tage anhält, werde ich zwischen Wien und Mörbisch aufteilen. Post nach wie vor via Redaktion.

So wünsch ich Dir denn eine geruhsame Doppelbadewanne in Ham- und eine schöne Henkel Nass in Flensburg. Und sei umhalst.

F. T.

für alle fälle die Züricher Tel.-Nr.: 26-96-46.

Fernruf: 22 08 21 – Fernschreiber: 05/23 859 – Telegramme: Walterspiel – Postscheck: München 57 47

»... wobei ich mich überdies frage, ob in Israel in solchen Fällen eine Schiffsbeschneidung vorgenommen wird.«

Friedrich Torberg, der überragende Schriftsteller, war ein geistvoller Briefschreiber, vielleicht der geistvollste in meinem Leben.

FRIEDRICH TORBERG
WIEN IV., BRUCKNERSTRASSE 2

14.September 1962

O fiamma mia smorzata –

was angeblich das italienische Wort für "erloschen" ist, aber ich
glaub's nicht recht, und ich mag auch nicht glauben, dass Du mir erloschen wärest. Aber ich muss schon sagen: wenn Du damals bei der
Schiffstaufe in Flensburg statt einer Champagnerflasche mich gegen den
Schiffsrumpf geschleudert hättest, könnte ich für Dich nicht nicht-
existenter sein als ich es seither bin. Dabei hab ich Dich aus dem
Tessin und aus Venedig mit je einem artigen Kartengruss bedacht, einem
nach Cap d'Antibes und einem nach Cap d'Üsseldorf, und wenn mein Gedächtnis mich nicht wahnsinnig täuscht, war auch der letzte Brief, der
zuvor zwischen uns gewechselt wurde, sofern ein einzelner Brief gewechselt werden kann, von mir. Was also ist los, wenn überhaupt etwas? Oder
wie es im Berliner Liede heisst: Du isst mich nicht, Du trinkst mich
nicht, Du bist mich doch nicht krank?

Damit wäre ich beim Anlass meines gesch.Heutigen, wobei das Apropos
nicht etwa durch "krank" gegeben ist, das möchte ich denn doch nicht,
sondern durch "Berlin". Dorthin mache ich mich nämlich in ein paar Tagen
auf den Weg, um am 28.September im Rahmen der Festwochen aus eigenen
Werken zu lesen, öffentlich, geradezu in der Kongresshalle. Und bei der
Vorstellung, dass Du mir irgendwann einmal sagen könntest, Du wärest,
wenn Du das gewusst hättest... schon die Häufung dreier Konjunktive mag
Dir andeuten, welches Wirrsal diese Vorstellung in mir hervorruft. Jetzt
weisst Du's also. Das heisst natürlich nicht, dass Du deshalb auch wirklich hinkommen müsstest – aber zumindest wüsstest Du dann, dass Du nicht
hinkämest, während Du andernfalls nicht hingekommen wärest, ohne es zu
wissen. Das ist ein Unterschied, der mich vier weitere Konjunktive ge-
kostet hat, und damit ist Schluss. Meine Adresse ab 22. ist das Parkhotel
Zellermayer in der Meinekestrasse (Berlin W 15), und das Programm der
Vorlesung besteht aus Prosaskizzen, Zeitglossen, Parodien und Proben
aus dem Roman "Hier bin ich, mein Vater", der soeben bei Langen-Müller
als Band I meiner Gesammelten Werke erschienen ist, vielleicht hast Du
ihn schon in einer oder der andern Düsseldorfer Buchhandlung gesehn
(und wenn nicht, warum nicht?), in geschmackvollem Schutzumschlag, auf
dessen Rückseite ich Dich aus tausendjährigen Rehaugen anblicke und Dich
vorwurfsvoll zu fragen scheine, warum Du so lange nichts von Dir hören
lässt. Nein, es hätte keinen Sinn mehr, mir noch hieher zu antworten.
Ich bin Montag in Stuttgart, wo ich am Dienstag aus obgenanntem Roman
eine Bandaufnahme mache, trolle mich von dort nach Frankfurt, um
auf Wunsch meines Verlegers bei der Buchmesse einen Akt der Gegenwart
zu vollziehen, und bin von Dienstag spätnachmittags bis Donnerstag
frühvormittags im Frankfurter Hof erreichbar. Oder umgekehrt, d.h. wenn
Du mir dorthin Nachricht gibst, ob und wo Du erreichbar bist, dann
mache ich von ihr Gebrauch. Dasselbe von Dir hoffend, bin ich nach wie vor

der Deine –

f.t.

»Was also ist los, wenn überhaupt etwas?«

FT, »der Deine«. So unterschrieb er oft seine Briefe. Nach einem Gruß ans Cap
d'Antibes, folgte dieser Gruß ans Cap d'Üsseldorf.

FRIEDRICH TORBERG

SCHLOSSALLEE
A-2384 BREITENFURTH BEI WIEN

A-8992 ALT-AUSSEE 63

Breitenfurth, 12.Oktober 1979

Geliebte Gabriele,

ich bin soeben von meinem fünfwöchigen Aufenthalt in
Israel zurückgekehrt und hocke zwischen Bergen von auf-
gehäufter Post, darunter zahlreiche Glückwunschbriefe und
-telegramme zum Geburtstag, zum jüdischen Neujahr und zur
Verleihung des Staatspreises für Literatur. Du bist, wie ich
schon bei flüchtigem Durchwühlen feststellen konnte, mehrfach vertreten, ich weiss nicht genau womit und lasse es bei
einem pauschalen Dankeschön bewenden, das Du in Gnaden und
mit Nachsicht aufnehmen mögest. Auch für eine Briefbeilage
in Sachen Hutter habe ich Dir zu danken - bemüh Dich da bitte
nicht weiter, if an opportunity arises grab it, but don't go
out of your way.

Meinen Kartengruss aus Israel hast Du hoffentlich bekommen -
sicher ist das nicht, denn die dortigen Postverhältnisse haben
bereits italienisches Ausmaß erreicht, und das will etwas
heissen. Es ist übrigens nicht das einzige Ärgernis, mit dem
man's im Augenblick dort zu tun bekommt, bei weitem nicht,
aber das wäre ein eigenes Kapitel, der die Form eines politischen Leitartikels annehmen müsste oder eigentlich zweier,
eines innen- und eines aussenpolitischen; also lassen wir's,
denn mit Leitartikeln sind wir versorgt. Davon abgesehen
war's natürlich faszinierend wie immer (diesmal für mich
schon zum fünften Mal) und freilich auch sehr strapaziös,
weil ich eine für diese Jahreszeit ganz ungewöhnliche Hitze-
periode erwischt habe. Wenn's nach mir ginge, würde ich mich
jetzt sofort nach Alt-Aussee zurückziehen, aber es geht nicht
nach mir, noch immer nicht (wann beginnt eigentlich der Lebens-
abend?), sondern ich muss demnächst zur Herbsttagung der
Darmstädter Akademie und im November steht eine 14tägige
Polenreise auf dem Programm, mit Vorlesungen an einigen Uni-
versitäten, die alle auf -ow enden, und mit dem dazugehörigen
halboffiziellen Geruder.

Von Dir weiss ich eigentlich nichts (was eigentlich der
Normalzustand ist) und möchte hoffen, dass Du gesundheitlich
wenigstens halbwegs in Ordnung bist, wobei das "halbwegs"
gleichfalls als normal zu gelten hat (auch bei mir). Bleibt
nur noch die permanente Bitte um Nachricht, falls Du Dich
einmal in die hiesigen Gegenden oder deren Nähe begibst -
z.B. hab ich in München immer wieder zu tun und kann mich
mit dem Termin nach Dir richten.

Sei bedankt und umarmt von Deinem unwandelbar getreuen

F. T.

»Wann beginnt eigentlich der Lebensabend?«

Noch einmal Friedrich Torberg. Sein letzter Brief. Einen Monat später war er
verstorben.

181

9 V 72

LE GRAND HOTEL
Place de l'Opéra
PARIS

*Ja, sehr viel muss
ich arbeiten — was
zwar ist es eigentlich alles
public relations. Heute
morgen 3½ Stunden mit
den Arbeitern der Werkstätten,
Mittagessen beim Minister,
den ganzen Nachmittag Diskussion
mit dem Orchestervorstand, Post
und Telephone und jetzt 19³⁰
im Hotel. Bad, Umziehen,
Dinner bei André Malraux.
(Mit der schönen Teketina und
Robinet, dem Direktor des Figaro)
Und morgen ist es ungefähr dasselbe und Samstag auch. Sonntag
fahr ich nach Feldmeilen und
dann nach Ffod. Mittwoch bin*

»Es hat alles gar keinen Sinn.«

Rolf Liebermann gibt Einblick in seinen vollen Terminkalender, und ich
kann seine Erschöpfung nachvollziehen.

ich wieder in Hamburg, um
Ilse Ludwigs 60. Geburtstag zu
feiern.

Und so vergehen
die Tage, die
Monate, Jahre.
Es hat alles gar
keinen Sinn.
Plötzlich ist's dann
vorbei.
Und ich kenne nicht einmal
den Tadsch Mahal.
Aber wenigstens sehe ich
hin und wieder Gabriele.

»Ich hab hier nichts als Zores.«

Rolf Liebermann war soeben zum Direktor der Pariser Oper berufen worden, da klagte er mir auch schon sein Leid.

Kraft verschwendet.

Jetzt haben wir also Giscard; der neue Stil: er kommt incognito ins Theater, ungesehen, unempfangen, ohne fade Républicaine und spielt Harun al Raschid. Gleichzeitig aber publiziert er seinen Stammbaum, in dem er seine Descendenz von Louis $\underline{XV}$ nachweist, oder nachzuweisen versucht.

Ich meide Christoph die Reise mit Dir nach Venedig. Fehlst Du mir auch mal? Und lehrst mich Sehen? Lehrst mich Dich kennen? Ich spür Dich zwar beim Lesen Deiner Briefe, aber das genügt nicht. Nicht immer....

PS
25 juin
d'accord

Je t'embrasse bien fort
et tendrement

»Es war fabelhaft!«

Ein Monat später: Rolf Liebermann gerät ins Schwärmen, aber nicht über seine Premiere in Paris, sondern über mein Fest in Hösel.

Das muss ich von Dir lernen. Ich
bin an einer Premiere immer
noch in Spannung. Tischordnung
perfekt. Jeder kannte jeden, möchte
jeden. Und diese drolligen Werber:
Anita, völlig wahllos vor besoin;
der Lange-Pummel als "Rühr-mich
-nicht-an", kritisch und médisante
aber keusch; die Präsidentin als
Frau von Andros, die fast zum
listenen Schlage erhoben; schmerz-
berstent die Hilde, am Leibe ge-
fährdet – but always good sport;
die fahle Jean Cory, als Lemur
geschminkt und ihrem torkelnden
Gatten weit überlegen sich fühlend;
eingemein heterosexuell Raddak
mit Marxbart, herrlich in sich,

THEATRE NATIONAL DE L'

OPERA

8 RUE SCRIBE 75009 PARIS - TÉL. 073.50.70

seinem Fett und seiner Bedeutung
ruhend für George und der für
allen Wiener Juden dieser Klasse
so typischen Karl-Kraus-Nähe,
bei ihm gemildert durch ein barockes
Vergnügen am Dasein und am
Erfolg (geschäftlich und bei Frauen,
ein bissel wie Kissinger.)
Es war einfach perfektissimus.
Lädst Du mich wieder mal ein?
Entzückend Dein fatte; zerrissen
von seinen Hockenden Gästen
und seinem besoin de sommeil,
zu gut erzogen um das Haus
wirklich wirksam zu leeren.
Es blieb bei den Aschenbechern.
Scheel hielt die Stellung und

RÉUNION DES THÉATRES LYRIQUES NATIONAUX

Mildred schlug weiter.
Und diese Noelle! Nein, daß es das noch gibt. Blöd mit schiefem Köpfchen und weichen Hüften. Was mich an des Senator's wife interessieren würde: bis wohin die Rattenflecken reichen. Ist sie ganz gefleckt – wie ein Leopard? Und mit Krunzzelenken?
Wir müssen über alles nochmal reden. Wann kommst Du??

Mille patie, bitte meine Empfehlung an den Hausherrn, von dem ich mich nicht mal verabschieden konnte, und baci, baci, baci

Y

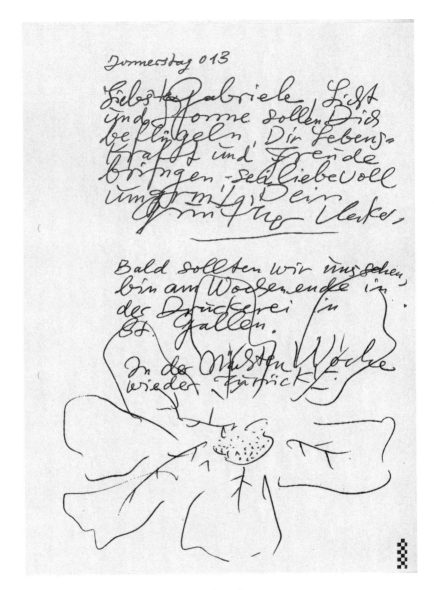

»Licht und Sonne sollen Dich beflügeln!«

Ein Genesungswunsch von Günther Uecker, meinem alten Freund. Er schickte seine Briefe gern per Fax.

22. V 20XII

Prof. Günther Uecker
Mme Christine Uecker
Hotel Abbasi

Liebster Günther –
Dir und Christine wünsche
ich eine gute Zeit in dem

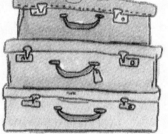

märchenhaften Isphahan.
Und danke für den Fall
lieber Günther

LET'S JUST GO – WHERE IT IS
BEAUTIFUL WITH LOTS OF
COLOUR AND BLOSSOMS.
TOI TOI TOI FÜR DIE
AUSSTELLUNG. WANN
KOMMT IHR ZURÜCK? Geniest
Isphahan und kommt
bald zurück! Es umarmt
Euch – von Herzen
Eure Salice

»Toitoitoi!«

Mein Gruß an Christine und Günther Uecker, die gerade in Isphahan weilten.

»So tust Du mir gut.«

Günther Uecker bedankt sich für die »herrlichen Blumen«, die ich ihm geschickt
hatte, als er Aufmunterung brauchte.

Mittwoch '015

Liebste Gabriele, danke,
daß Ihr Christoph
und Katrin, – uns so
nah in Eure Familie
aufgenommen habt, –
im Gedenken an den
wunderbaren Menschen
Konrad. Eine herzliche
an ihn erinnernde Stimmung
umfing uns, er wurde
gegenwärtig, nah.
Ich habe mit großem
Interesse das Büchlein
gelesen, besonders die
Schrift über die Begegnungen
von „Vati und Sohn",
von Christoph hat
mich sehr angerührt.
Ich umarme Dich ganz
herzlich, mit innigen
Grüßen, Euer Günther Uecker

»…. in Gedanken an den wunderbaren Menschen Konrad.«

Eine Reminiszenz an die Freundschaft, die Günther Uecker auch mit Konrad
Henkel verband.

15.06.01 16:45   9.01

iebes Kroko;das Leben:ein Glücksspiel,daher oben ein Lottozettel

ansonsten:sonne über Hamburg und seinen Einwohnern,
kein Kanonendonner,also wesentlich Eruhiger als Jerusalem und mit Schekel kann man hier eh nix anfangen.
Hoffe,dass Dein Auge sich beruhigt hat (das kommt von
Auge um Auge - Zahn um Zahn..)
Nach meinem neuesten Plan wäre ich am Montag,den 28.5.
im Düsseldorfer Einzugsgebiet -wenn Du da bist komme
ich gegen 15.00 Uhr ins Mutterhaus und würde am nächsten
Tag von Ddorf nach Dresden fliegen.

          Vorerst Kibbutz-Küsse

»Das kommt von Auge um Auge, Zahn um Zahn.«

Pit Fischer, ein wunderbarer Freund, der mit der ebenso wunderbaren Nicole Heesters verheiratet war, tröstet mich über Augenweh hinweg.

»So lange Abende ...«

Die Briefe von Pit, immer reizend illustriert, immer voller »Kroko-Love«. Er nannte mich zärtlich »Kroko«.

»Ein neues Reittier für den Weihnachtsmann.«

Weil der Weihnachtsmann damals so viele Geschenke für mich dabei hatte. Ein Gruß von Pit, zu Weihnachten 2009. Im Mai darauf starb er.

Aegidienberg, am 22. 12. 69

Liebe Gabriele,

ich sagte es Ihnen schon in Hösel, Sie hätten uns in
Aladins Wunderhöhle geführt, in der es überall von
Blättern und Früchten aus Smaragd und Rubinen funkelt.
In der Tat – so war es und mit der Wunderlampe wurden
auch die Gäste verwandelt: zwischen Rhein und Ruhr ist
mir noch nie "Gesellschaft" in so gelöster Form und so
heiteren Gemüts begegnet wie an jenem Abend bei Ihnen.
Es war eine grosse Freude Ihr Gast sein zu dürfen und
ich sage Ihnen von Herzen Dank.Ihr Gatte hat Ihnen
meisterlich assistiert. Immer wieder brachte er Leute
neu zusammen und drückte auf die geheimnisvollen Knöpfe,
die das Hin und Her in Bewegung hielten. Auch er sei in
den Dank mit einbeschlossen.

Noch eines: dass Sie den köstlichen Gedanken hatten,
Herrn Raffalt Orlando di Lasso-Film zu zeigen, ist ein
besonderes Verdienst, denn solche Gedanken müssen einem ja einfallen und sie haben es so an sich, nicht jedem einzufallen.

Nun stehen die Feiertage vor der Tür. Wir wünschen
Ihnen viel Freude dazu und Ihrem kleinen, hübschen
Buben auch und zum Neuen Jahre wünschen wir Ihnen
Gesundheit und auch ein wenig Glück.

Herzlichst
Ihre

Carlo Schmid
und Hanne Gaiser

»Aladins Wunderhöhle«

Zu einem Fest, das ich in Hösel ausgerichtet hatte, war auch Carlo Schmid
eingeladen, und er bedankte sich dafür.

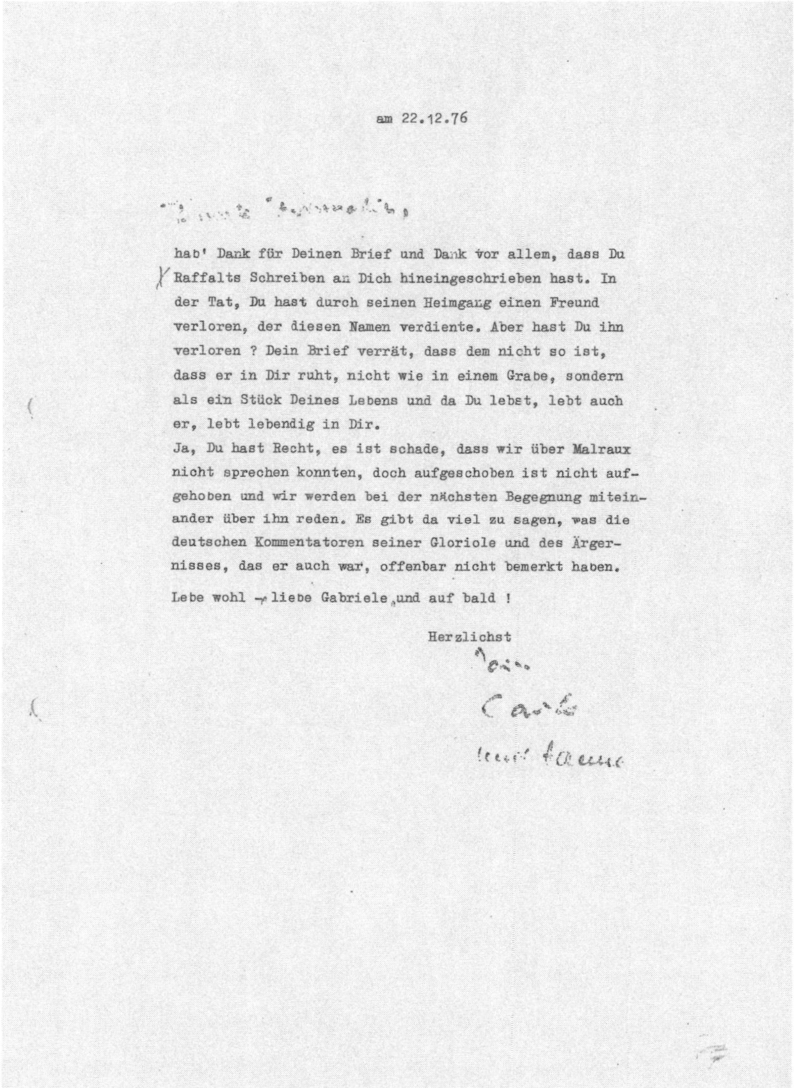

am 22.12.76

[handwritten greeting]

hab' Dank für Deinen Brief und Dank vor allem, dass Du
Raffalts Schreiben an Dich hineingeschrieben hast. In
der Tat, Du hast durch seinen Heimgang einen Freund
verloren, der diesen Namen verdiente. Aber hast Du ihn
verloren ? Dein Brief verrät, dass dem nicht so ist,
dass er in Dir ruht, nicht wie in einem Grabe, sondern
als ein Stück Deines Lebens und da Du lebst, lebt auch
er, lebt lebendig in Dir.
Ja, Du hast Recht, es ist schade, dass wir über Malraux
nicht sprechen konnten, doch aufgeschoben ist nicht aufgehoben und wir werden bei der nächsten Begegnung miteinander über ihn reden. Es gibt da viel zu sagen, was die
deutschen Kommentatoren seiner Gloriole und des Ärger-
nisses, das er auch war, offenbar nicht bemerkt haben.

Lebe wohl — liebe Gabriele und auf bald !

                              Herzlichst

                              [signature] Carlo
                              [handwritten]

»Schade, dass wir über Malraux nicht sprechen konnten.«

Sie waren immer sehr anregend, die Gespräche mit Carlo Schmid. Jeweils gefolgt
von der Vorfreude auf die »nächste Begegnung«.

CARLO SCHMID
ERINNERUNGEN

*Gabriele Henkel,
der geliebten Freundin,
sei zugeeignet diese
Kartographie der Spuren
eines langen Marsches durch
die Sände der Wanderungen
der Geschichte unseres Vaterlandes,
Carlo Schmid
Orschel, den 2?. November 1979*

»Spuren eines langen Marsches.«

Carlo Schmid schrieb diese Widmung in den Band seiner Memoiren. Er war einer der herausragenden Politiker, für die ich tiefen Respekt hatte.

199

CARMERSTRASSE 1
1000 BERLIN 12
(030) 312 98 08

Wissmannstraße 22
1ooo Berlin 33

! DEN NEUNTEN DEZEMBER 1985 !

Liebste und verehrteste Gabriele:

        hoch sollst Du leben, der erste Gedanke des heutigen
Tages gilt Dir, der letzte wird es auch tun, und von denen
dazwischen reden wir erst gar nicht lang:
        Du mögest mit leichtem Fuß über die Tage und
Nächte dieses neuen Lebensjahres schweben, man möge Dir Deinen
Schritt leicht machen, Deine Freunde sollen sorgen, daß Du
zu dem kommst was Dir gemäß ist und worauf Du Lust hast, -
und die Blutwerte sollen sich verdammt einpendeln auf das,
was unter uns als normal gilt.
        Auch wünsch ich mir sehr egoistisch, daß Du
Deinen Freunden bleibst was Du ihnen warst. Auch aber, daß sie
Deiner Freundschaft immer wert sein mögen.
        Hoffentlich ist der Tag heute eher einer des
Sichgehenlassens als der Anspannung. Daß Du Ruhe willst,
wissen wir. Wer aber garantiert sie Dir?
        Nitzas Brieflein aus dem Flieger hast Du hoffent=
lich rechtzeitig in Deiner lieben Hand. Es war schön in Italien,
auf Sizilien. Und lehrreich dazu: Hier Kunst und Geschichte
und wilde machtvolle Natur als Land und Meer, - und da der
selbstmörderische Furor, mit dem dieses Volk sich in seinen
eigenen Untergang stürzt, erstickend in ordinärer Kriminatität
und der eher politischen der Mafia. Gänzlich unregierbar, in
hemmungslos anarchischem Individualismus nur das jeweils Eigene
betreibend, - und mit allen Mitteln. Symptom: der Straßenverkehr,
- und ich weiß ja, wie man ihn überall beklagt und kritisiert,
auf Manhattan wie in Tokyo, indes: sowas hat man noch nicht
erlebt, das Auto als Instrument wechselseitiger Verhinderung
des ihm zugedachten Zwecks. Und zwar Verhinderung auf die brutalst

»Dies ist Dein Tag!«

Gratulation zum Geburtstag, eine Freude zu lesen, so wie alle Schriften von Peter
Wapnewski eine Bereicherung waren.

-2-

Weise: auf den Bürgersteigen stehen sie, auf den Fahrbahnen
fahren sie, das heißt, sie versuchen es, im Grund steht alles,
und als Fußgänger ist man zwar schneller aber eben auch ganz
und gar abgedrängt. Dazu der unbeschreibliche Dreck, die
nicht geleerten Müllkanister, Verrottung und Verfall wohin
man blickt und riecht, und es kommen einem die Tränen wenn man
die alten würdigen Hausfassaden eher ahnt als sieht unter
der Schicht der Zerstörung...
All dies ist eine Impression von Palermo, wo es *f* gewiß
am schlimmsten hergeht, Catania z.B. ist solider, bürgerlicher, -
aber bitte: cum grano salis, im Grund stimmt, was ich da klage,
wohl für die ganze Insel. Die offenbar in viel totalerem
Maße in der Hand der allumfassenden Korruption ist als man es
nach außen erfährt: weil sich damit ja der Staat Italien des=
avouiert. *f* Die Lage indes, so die Kenner oder "Kenner", ist
~~hoffnungslose/~~ hoffnungslos.
Wir aber hatten Glück: Sonne von morgens bis abends, um die
18 Grad, ideales Reise- und Besichtigungswetter, und wir bestaunten
Segestas Tempelstolz, den weit ins Land wachenden Berg Erice,
und Syrakus mit dem Teatro Greco und der Minerva-Kathedrale und
der Quelle Arethusas. Dazu natürlich Catania und - s.o. -
Palermo: dort wieder mit leisen Schauern vor den Kaisergräbern
und in der Capella Palatina und ihrem überquellenden Goldglanz.
        Liebste Gabriele, so viel als unmittelbaren Reflex
dieser vier Tage. Und um gerecht zu sein gegen die Höllenpfuhl
Palermo: Der Markt - die Vucceria - ist nach wie vor eine hinreißen
de Szene üppigster fruchtbarer buntester Stoff-Sinnlichkeit, da
kann man stundenlang durch die Reihen wandern und staunen über
Früchte und Fische und Mensch und Tier.
        Was hingegen meine Vorträge angeht, so degenerierten
(oder wuchsen?) sie zu blankem Vorwand: Kaum jemand war an ihnen
interessiert, - Wagner und Goethe, und das Generationenproblem,
immerhin. Und schön auf Italienisch eingeübt. Aber wenn man
diese Inselwelt sieht, dann versteht man sehr wohl, warum
den Menschen solche Themen Hekuba sind.

201

-3-

Nun also wieder das vertraut-fremde Berlin, grau,
wäßrig, Nitza malt, ich mach das Wissenschaftskolleg und
meinen sonstigen Kram. Weihnachten werden wir brav hier sein
und Ruhe halten und vielleicht komm ich zum kontinuierlichen
Arbeiten, es lauert einiges auf die Bewältigung. Und Ihr,
und Du? Weihnachtsfrieden ist ja ein schöner Begriff, er
sollte sich auch in privat säkularisierter Form verwirklichen
lassen.
Bitte grüß Konrad sehr herzlich, ich find es
rührend, daß er mir geschrieben und für den Tristan-Band
gedankt hat. Denn es ist leicht vorstellbar, wie unendlich
hoch und kaum abzutragen der Berg der Bedankemich-Pflichten
sein mag.

Liebste Gabriele, dies ist Dein Tag, wir sind
dankbar für ihn,

Nitza grüßt von Herzen,
und ich umarme Dich treu, behutsam,
liebevoll

und so wie je

Dein alter

Peter

den 6-XII-88

Liebste und Verehrteste:

          - nun also wieder ein neunter Dezember. Und
es drängt sich mancherlei auf, - zumindest zweierlei. Zum
einen die drängende Gewißheit, daß sie schnell vergeht, allzu=
schnell: die Zeit. Von allen Klischees vielleicht das kli=
scheehafteste, und doch lohnt es, drüber nachzudenken, warum
wir alle, die wir der Zeit unterworfen sind, ihr Wesen in
ihrer Selbstverfälschung sehen. Eben darin, daß sie 'schnell
vergehe'. Woran denn halten wir uns, solches feststellend,
als Maßstab? Wie geht die 'richtige' Zeit? Das sind Empfin=
dungen, wie sie einen notwendig beschäftigen, auch molestieren
an markierten Caesuren unsres Lebens. Also an Geburtstagen.
          Und das andere: ist natürlich ein wehmütig-dank=
bares Zurückdenken an die andern neunten Dezember, die wir
mit Dir, dank Dir, uns um Dich scharend, in Deinem Hause und
seiner/Deiner Aura erleben durften. Und waren doch, scheint
mir, glücklicher als wir jetzt sind. Wer spricht von Glück,
ich weiß, - und doch gab es damals mehr Unbefangenheit, weniger
Melancholie, weniger Resignation, - so wenigstens will
es mir heut vorkommen. Oder ist auch das ein Klischee, näm=
lich das des Topos der laudatio temporis acti?
          Liebste Gabriele, Hüterin der inneren und
Meisterin der äußern Feste: dies der Wall der Pedseligkeit,
hinter dem ich meinen Glückwunsch verberge, vielmehr ent=
hülle: ich gratulier Dir von Herzen! Und dies "von Herzen"
mag klingen wie ein - drittes - Klischee, aber wahrlich,
es ist keines. Du weißt, wie sehr ich Dir zugetan bin: in
Bewunderung, Verehrung, Dankbarkeit. Und ein Mal im Jahr
muß das gesagt sein (mindestens ein Mal). Es mögen Dir gute
Tage, Wochen, Monate bevorstehn, solche mit mehr Grund
zum Lachen als zum Weinen, sie mögen der Gesundheit Leibes
und der Seele dienlich sein und Dich Deinen Freunden in

»Laudatio temporis acti«.

Peter Wapnewski grüßt von Herzen, »äußerlich behutsam und innerlich fervent«.

-2-

der gelassenen Heiterkeit treu bleiben lassen, die sie an
Dir lieben. (Was sie wahrlich nicht legitimiert, von Dir
allerwege Heiterkeit zu erwarten.)
            Die Traurigkeiten des letzten Jahres - ich weiß. Die
sind nicht einfach zu tilgen, gehören zu Dir, sind Teil von
Dir geworden. Als Teil Deiner Biographie. Und sollen in Dir
- in jenem berühmten Doppelsinne, der sich auf Hegel be=
rufen darf - aufgehoben sein.
            Dann die Arbeit. Die an der Kunst und Wissenschaft.
Die fürs Haus Henkel. Möge der erste Teil dem zweiten überlegen
sein im Sinne seines Anspruchs auf Vorrang.
            Der Mann, der Sohn. Dazu will und darf ich wenig
sagen. Ich hoffe nur, daß Wotan (Du weißt, wie sehr ich ihn
achte und mag) unter diesem Prozeß nicht ungebührlich zu
leiden hat, der ihn vor Gericht zieht in einer Sache, in
der er gewiß nicht das Gefühl einer "Schuld" zu haben braucht.
            Genug, -und ein Rest bleibt ungesagt. Vielleicht
der wesentliche Rest.
            Liebste Gabriele, ich hatte ja gehofft, Dir meine
gratulierende Aufwartung machen zu können. Doch die Verhältnisse,
sie sind nicht so. Unnötig zu sagen, daß ich "unsertwegen"
natürlich gekommen wäre. So wenn es Dir gelungen wäre, das
geplante Essen für Marion Dönhoff zu geben. So aber...: Flug
nach Düsseldorf, Ankunft zum frühen Abend, Empfang bei Bungert,
Festakt mit Rede von Dahrendorf, Bankett im Hotel, Übernachtung
im Steigenberger, am nächsten Morgen mit dem frühesten wieder
zurück in die Fronthalbweltstadt: das hat keinen Sinn. Ich
weiß, daß ich in Deinem Haus hätte übernachten dürfen und danke
Dir dafür, - nur: mehr als einen späten Whisky hätten wir davon
nicht gehabt. Ich aber hätte 2o Stunden drangegeben, die man
grad in der Gedrängtheit des Vorweihnachtlichen heftig braucht.
Also hab ich Herrn Bungert und seinem Kulturmenschen (und sei=
ner Frau mit den schönblitzenden Zähnen) abgeschrieben, - und
sie werden's verwinden. Und Marion Dönhoff auch, - immerhin
war es ja vor allem darum gegangen, ihr den Preis zu verleihen,
ich meine: zuzusprechen, - und das ist Jens und mir immerhin
gelungen.(Obwohl der von uns beiden an zweiter Stelle genannte
Augstein im Sinne des HEINE-Preises im Grund der angemssenere
Preisträger wäre.)

-3-

So viel vom Gegenwärtigen. Von der weiteren Zukunft
reden wir nicht; was die nähere angeht, so treffen Nitza und
ich uns zum Weihnachtsfeste in Rom. Das heißt, eben nicht
zum Feste, weil wir das häuslich-familiäre Feiern verlernt
haben. Dann ist ein Rom-Erleben gewiß die zweitbeste aller
guten Lösungen: Wegen der Mitternachtsmesse. Wegen der Sixtina.
Und wegen all der andern Herrlichkeiten, deren Glorie auch un=
sere Zeit nicht gänzlich vergiften und verdüstern kann. Am 22.
flieg ich hin, am 3. Januar wieder zurück. Und Nitza wird dann
wohl auch Volterra für ein-zwei Monate räumen und im Januar
nach Berlin kommen. Ich denke, bis April/Mai.

Ein Büchlein liegt bei, Zeichen mehr denn Ge=
schenk. Aber so klein es auch ist, - der Inhalt hat Größe,
nicht dank dem Autor sondern dank dem Gegenstand.

Ich denk an Dich, nicht nur am neunten, aber
an dem besonders, - und Nitza, ich weiß, tut es auch.

Und so umarmt Dich von Herzen (s.o.),
äußerlich behutsam und innerlich fervent

Dein wie je

getreuer alter

Peter

PETER WAPNEWSKI

Donnerstag den 3o.August *2012*

Ach Du liebste alle Gabrielen —

.....*"nicht zu Euch kommen darf..."*, —

ach Du liebbste und großherzigste aller Freunde, und hier sei's gesagt:
die Sperrformel gilt für jeden der sie auf sich beziehen mag, FÜR
Unsere GABRIELE gilt sie niemáls!
(Im Vorfeld dieses odiosen Ereignisses (für das man auch noch glücklich sein
muß) er-litt ich so etwa wie einen nervoes break down und wollte nichts mehr
aber auch garnichts mehr zu tun haben mit dem Ereignis. Daher die Totale
absage. Die nie und nimmer für Dich gilt, (hingegen für so manchen andere...).
Und nun bin ich aujufbewahrt mit Herz und Gemüt inmitten dieser großen
Zahl von kleinen Büchsen, éne so kostbar wie die nächste..!
Und fang an zu stottern wenn ich Dir angemessen zu dankan versuche...
Hier also die innige Umarmung, von der ich mich nicht lösen will und die
Dichmich wärmend umschlingt und in homöopathischehn Dosen ihren Liebesdienst
vollzieht, labend und nährend...
Bitte nimm sie *hin* mit diese kargen Zeilen, und mehr als ihnen kan ich
Dirnicht geben. Ich bin wackelig ganz und gar, und weiß immer noch nicht,
wie ich's halten soll mit der neuen Großzzahl. Nitza muß

helfen,,,

Und bitte verarge mir nicht die Kargheit dieser Dank-Umarmung, es fehlt
mir an jeglicher Fähigkeit in Kopf und Händen, und Du bist der einzige Mensch
der von mir dieses sog, Lebenszeichen erhält...

In Liebe Immo

Dein alte Peter

WISSMANNSTRASSE 22; D-14193 BERLIN; TEL. 030/891 5222; FAX: 030/8909 4944

»Ich bin wackelig ganz und gar.«

Der letzte Brief von Peter Wapnewski. Drei Monate später war er tot. Ein
bedeutender Wissenschaftler, ein lieber Freund.

Gabriele Henkel

Düsseldorf,
6-I-63

Dear Mrs. Kennedy

You may remember that Ludwig Bemelmans in the last months of his life was busily preparing an exhibition of his paintings in Germany. We had been planning this for quite some time. The minute we found a worthy place for the show, Ludwig chose the paintings and had them shipped to Düsseldorf.

Bemi often told me about his devotion and deep admiration for you, and I am certain that you are interested to hear about the forthcoming exhibition in the KUNSTVEREIN DÜSSELDORF which will open on January 24. Ludwig was very much looking forward to that day and his letters burst of ideas about the project. He even suggested a TELSTAR transmission "good for american propaganda" of the opening.

»Dear Mrs. Kennedy«

Mein Einladungsschreiben an die First Lady. »Bemi« war ein gemeinsamer Freund von uns. Er hatte uns auch miteinander bekannt gemacht.

Well, Beni is dead and the Telstar
is out of order, but the gaiety of his
political paintings will fill the hearts of
people, and I hope that this first presen-
tation of his work will be a success here.
I cannot judge if political questions could
be involved, but if it is a matter of
pure art - love and friendship for E.B.
I would be very grateful to you if you
could send a cable to the Kunstverein
which may help for some publicity for
this great person and artist.
My husband will invite the American
ambassador and I shall send you the
catalogue when it is ready.
You'll find attached to this letter
the adress as well as an old copy from
a E.B. letter. I have long hesitated
to write to you but I believe that
Ludwig deserves it.

Yours sincerely

Gisèle Henschel

»I find it very convenient to work in bed.«

Ludwig Bemelmans, ein begnadeter Zeichner, illustrierte seine Briefe immer mit humorvollen Vignetten.

Das sind gefährliche
Kinderspiele in Berlin
But nothing will happen - we
can't afford War - and we
can't afford peace - I'm
going to try and sleep now -
6 - a.m. ich habe den Spiegel
gelesen seit 4 - I find it very
convenient to work in bed

love to you all

Ludwig

»... that´s why he uses a famous detergent.«

Eine Vignette von Ludwig Bemelmans. Augenzwinkernd macht er sich über die Waschmittelwerbung lustig.

»Mein Dichterfürst!«

Gedankenübertragung. Mein Schreiben an Gregor von Rezzori: »Ich denke und spreche so oft von Dir. Hoffentlich merkst Du das.«

Frau Prof. Gabriele Henkel,

»Ein dickes Bussi«

Gregor von Rezzori (oder »Grischa«, wie ich ihn nannte) bat mich, endlich wieder in die Toskana zu kommen.

Frankfurter Allgemeine
ZEITUNG FÜR DEUTSCHLAND
REDAKTION

MARCEL REICH-RANICKI

6 FRANKFURT AM MAIN 1
POSTFACH 2901
RUF 7591509
und 7591755

19. Februar 1976

Liebe, gnädige Frau,

ich weiß sehr wohl, was die Sitte erfordert: Dieser Brief
sollte mit der Hand geschrieben sein, aber ich kann mich
mit derartigen Konventionen nicht abfinden, weil ich weiß,
daß meine Handschrift kaum lesbar ist und weil ich mich
sehr oft ärgere, wenn ich von anderen mit der Hand ge-
schriebene Briefe bekomme, die sich nicht entziffern lassen.
Verzeihen Sie also bitte, daß ich mich doch für die Maschine
entschieden habe.

Mit den wunderbaren Blumen und dem vorzüglichen Getränk
haben Sie mir eine ganz außerordentliche Freude bereitet.
Ich danke Ihnen von Herzen. Sehr wohl kann ich verstehen,
daß es Ihnen nicht möglich war, zu kommen. Ich will nur
hoffen, daß das Ergebnis der ärztlichen Untersuchung in
München erfreulich war.

Und sehr hoffe ich, daß wir uns bald sehen werden, aber da
im April der Germanistentag in Düsseldorf stattfinden wird
und später auch noch die PEN-Tagung, ebenfalls in Düsseldorf,
wird sich vielleicht eine Gelegenheit ergeben.

Es grüßt Sie herzlichst
Ihr

Frankfurter Allgemeine Zeitung GmbH. HR B 7344, Amtsgericht Frankfurt/M. · Geschäftsführer: Reinhard Mundbenke, Hans-Wolfgang Pfeifer

»Ich weiß sehr wohl, was die Sitte erfordert.«

Diese Unterschrift! Marcel Reich-Ranicki in seiner ganzen ungestümen Art.
Eigentlich habe ich den Brief nur deshalb aufbewahrt.

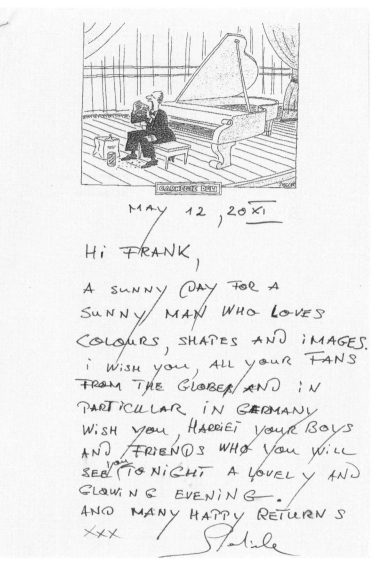

MAY 12, 20XI

Hi FRANK,

A SUNNY DAY FOR A SUNNY MAN WHO LOVES COLOURS, SHAPES AND IMAGES. i WISH you, ALL your FANS FROM THE GLOBE, AND IN PARTICULAR IN GERMANY WISH you, HARRIET your BOYS AND FRIENDS WHO you will SEE you TONIGHT A LOVELY AND GLOWING EVENING. AND MANY HAPPY RETURNS
xxx

»A sunny day!«

Ich wünsche meinem Freund, dem Maler Frank Stella, alles Gute zum 75. Geburtstag.

GABRIELE HENKEL
2. Oktober 1998

An den
Bundeskanzler der
Bundesrepublik Deutschland
Herrn Dr. Helmut Kohl

Sehr verehrter Herr Bundeskanzler

nach den vielen öffentlichen und veröffentlichten Dank-
sagungen möchten Konrad und ich Ihnen auch ganz persönlich alles Gute für die Zukunft wünschen. Wir bewundern
Ihren Entschluß, Ihr Bundestagsmandat weiterhin wahrzunehmen.
Konrad kennt aus eigener Erfahrung die Schwierigkeiten
eines Abschieds, aber weiß inzwischen, dass auch Glück
und Zufriedenheit aus der neuen Freiheit erwachsen können.
Das wünschen wir Ihnen und Ihrer Familie von ganzem
Herzen

Ihre

Konrad und Gabriele Henkel

»Sehr verehrter Herr Bundeskanzler«

Wir wünschten dem scheidenden Bundeskanzler, dass »auch Glück und
Zufriedenheit aus der neuen Freiheit erwachsen«.

BUNDESREPUBLIK DEUTSCHLAND
DER BUNDESKANZLER

Bonn, den 12. Oktober 1998

Frau Gabriele Henkel
Herrn Konrad Henkel
Chamissostraße 9

40237 Düsseldorf

Sehr verehrte gnädige Frau,

sehr geehrter Herr Henkel,

für Ihren freundlichen Brief danke ich Ihnen herzlich. Über Ihre anerkennen-
den Worte für meine politische Arbeit habe ich mich sehr gefreut.

In den kommenden Jahren werde ich mehr Zeit für die Pflege von Freundschaften und die Beschäftigung mit Dingen haben, die ich in der Hektik des
Regierungsalltags vernachlässigen mußte. Zugleich werde ich weiterhin mit
Nachdruck für meine politischen Grundüberzeugungen eintreten - für die
innere Einheit unseres Vaterlandes und für die Einigung Europas.

Ich bedanke mich für die guten Begegnungen, die wir miteinander hatten,
und freue mich darauf, Sie bei künftigen Gelegenheiten wiederzusehen.

Mit freundlichen Grüßen

und herzliche...

»Mehr Zeit für die Pflege von Freundschaften«

Das Antwortschreiben. Helmut Kohl verabschiedete sich mit persönlichen
Zeilen.

»Wir kommen.«

Zusage von Joseph Beuys, eine Einladung zu uns nach Hause wahrzunehmen. Er bat, seine Tochter Jessyka mitbringen zu dürfen.

טדי קולק
تيدي كوليك
Teddy Kollek

Frau
Gabriele Henkel
Chamissostr. 9
40191 Düsseldorf

Jerusalem, 6. Oktober 1999

Liebste Gabriele,

vielen Dank für Deine Zeilen. Ich kann mir gut vorstellen, welch schwierige Zeiten Du durchmachen mußtest. Ich wünsche Dir von Herzen, daß Du nun die Kraft findest, zu Deiner schöpferischen Arbeit zurückzukehren und vor allen Dingen, daß wir Dich bald in Jerusalem wiedersehen dürfen.

Herzlichst

Dein

Teddy Kollek

11 Rivka Street POB 10185	شارع ريفكه ١١ ص.ب.١٠١٨٥	רח' רבקה 11 ת"ד 10185
Jerusalem Israel, 91101	أورشليم القدس ٩١١٠١	ירושלים 91101
Tel: 972-2-6751703/4	تلفون ٦٧٥١٧٠٣/٤-٢-٠	טל: 02-6751703/4
Fax: 972-2-6722385	تكسيميلي ٦٧٢٢٣٨٥-٢-٠	פקס: 02-6722385

E-Mail: teddy@netmedia.net.il :דאר אלקטרוני

»Auf Wiedersehen in Jerusalem«

Teddy Kollek, mein Freund, der langjährige Bürgermeister von Jerusalem, spendete Trost, nachdem Konrad von uns gegangen war.

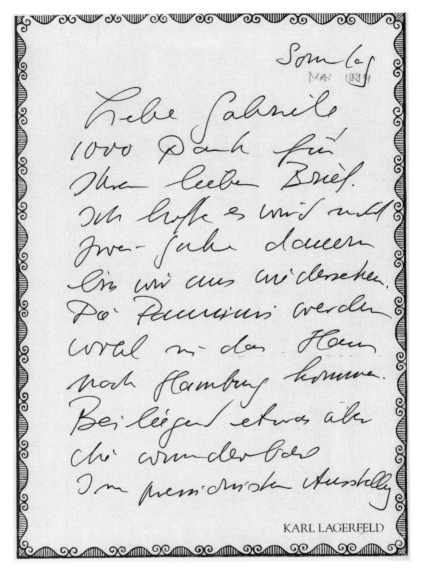

»Kaiserschmarrn danach, und zurück nach Paris«

Karl Lagerfeld schwärmte von einem München-Besuch, zu der Zeit, als er noch gern aß.

hier. Die beiden Bücher
sind voll gemacht. Man
braucht fast nicht mehr
zur Ausstellung.
Am letzten Montag
(2. mai) war ich und eine
kleine Gruppe von Freunden
in München, wo uns das
geschlossene Museum
aufgemacht worden ist
und wir so in ganze
Ruhe ungestört die ausgezge
Gold + Silber Austellung
sehen konnten. Kaiserthermen
danach und zurück nach Paris.
1000 liebe Grüße
je vous embrasse Ihr/Karl

HEINRICH BÖLL KÖLN-MÜNGERSDORF
Belvederestraße 35

23.11.65

Liebe Frau Henkel,

nicht, weil ich keinen Smoking habe,
und auch keinen leihen würde –
nein, weil ich sehr sehr ernsthaft
ab 25.11. (also –morgen–) in
allerstrengste Klausur gehe, um
nun 1½ Jahre mal wieder zu
schreiben – rabiates also geht es
am 3.12. nicht. Ich hoffe aber,
ich treffe einmal mit Ihnen, wenn
Frau irgendwo still essen, und
während ich in Klausur bin, tauche
ich hie u. conur auf. Vielleicht
kann d. b. die Organisation
einen stillen Essens Jesuleun.
heute im Saus + froh an Ihnen Dann
Ihr Heinrich Böll

»Nicht weil ich keinen Smoking habe«

Heinrich Böll musste leider ein gemeinsames Adventsessen absagen. Er war in
die Arbeit an seinem nächsten Buch vertieft (»Ende einer Dienstfahrt«).

Gabriele Henkel
Düsseldorf
21. Nov. 1990

Lieber Henry,

gestern bin ich an Deinem Geburtsort Fürth vorbeigefahren. It's high time to send you - as promised - a
personal fax - if there is such thing - to thank you
for your invitation for Lunch on October 24 and for
that beautiful weekend in Kent. It was lovely to see
you and Nancy in your home. I always think it adds a
whole dimension to people one loves and admires when
you see them chez eux.
But to come back to our invitation for a weekend in
Kufstein, Austria, which you already name a "Frankfurter invitation": Since we are not planning this
for the month of August you can be sure all you will
get there will be a "Frankfurter Allgemeine Zeitung"
and a "Frankfurter Würstchen", or if you insist some
books of the "Frankfurter Schule". I imagine the best
time for you and Nancy's visit would be when you will
be travelling in Europe in Spring or early Summer. We
can also have you in Düsseldorf or in the country-
house near Düsseldorf although, it's closer to
Frankfurt than you think. However, once we can fix a
date, we could think of people want to see in several
shifts.
I shall send a fax to Jodie with the dates in 1991:
when we are out of the country or not available. I

»Gestern bin ich an Deinem Geburtsort Fürth vorbeigefahren.«

Die Freundschaft mit Henry Kissinger reicht weit zurück, über dreißig Jahre,
und sie beglückt mich bis heute.

will include in this hot buttered fax my fax number
at home - just in case you have some suggestions
towards Frankfurter items.
I hope life is not too hectic for you and Nancy.
Lots of love from us to you both

HENRY A. KISSINGER

December 6, 1990

Dear Gabriele:

I appreciated your thoughtful note
and just wanted you to know how
delighted Nancy and I were to spend
a little more time than usual with
you and Konrad during your last trip.

We are holding out hope that my rather
incorrigible schedule will leave room
for some Kufstein "Gemütlichkeit"
this spring or early summer. We'll
look forward to hearing from you
once you and Konrad have worked out
your plans.

With all good wishes,

Warm regards,

Henry A. Kissinger

Mrs. Gabriele Henkel
Chamissostrasse 9
4000 Düsseldorf
Germany

SUITE 1021 · 1800 K STREET, N. W. · WASHINGTON, D. C. 20006 · (202) 872-0300
TELEFAX (212) 753-7248

»Room for Gemütlichkeit«

Henry Kissinger hofft auf Freiraum in seinem Terminkalender, denn er würde
uns so gern in Kufstein besuchen kommen.

, 9.6.1965

Hochverehrter, lieber Herr Altbundeskanzler !

Die Nachricht über Ihrschlechtes Befinden nach
dem 'beinahe Eisenbahnunglück' hat uns sehr be-
rührt, und unsere Wünsche für Ihre baldige Wie-
derherstellung haben Sie zwar nicht empfangen,
aber sie sind doch zum Himmel geschickt worden, der ja mit Wünschen manchmal mehr an-
zufangen weiss als verdiente Staatsmänner.

Auf den Empfängen für die englische Königin haben Sie allen sehr gefehlt. In der englischen
Presse, die ich in den Tagen des Staatsbesuches
besonders studierte, konnte man deutlich ein po-
sitives und sehr versöhnliches Auseinandersetzen
mit der Politik der Bundesregierung von 1965
feststellen. So war dieser Besuch, obwohl die
Deutschen jubelten, im Grunde genommen wichtig für das englische Volk, weil er zur Revision
von schablonenhaften Vorstellungen von Deutschland führte.

Heute habe ich eine Bitte. Als Sie am 19. März
beim 'Berg'-Fest im Hotel EXCELSIOR in Köln
mit mir eine Weile sassen und redeten, wurden
einige Fotos gemacht, das heisst auf dem Bild,
das ich Ihnen heute schicke, stehen wir ja noch,
das war wohl noch vor dem Essen. Ich würde
meine Nachkommen gern im Besitz Ihres Namens-
zuges sehen und würde es als sehr grosse persönliche Auszeichnung empfinden, wenn Sie auf
dieses Bild etwas schreiben würden.

Lieber Herr Altbundeskanzler, so etwas habe ich
noch nie getan, aber wie Sie sehen, fange ich damit gleich oben an.

Bitte, werden Sie bald ganz gesund. Was machen
Ihre Memoiren? Mit einer herzlichen Empfehlung
von meinem Mann und mit herzlichen Grüssen

bin ich Ihre

»Heute habe ich eine Bitte«

Ob der hochverehrte Altbundeskanzler Konrad Adenauer doch bitte so
freundlich wäre, ein Foto zu signieren, das uns gemeinsam beim Bergfest zeigt?

Konrad Adenauer   Bonn,den 14.Juni 1965

Liebe Frau Henkel !

Sehr gerne übersende ich Ihnen die Fotografie,
die so ausgezeichnet Ihr Wesen wiedergibt, mit
meiner Unterschrift versehen.

Heute habe ich den ersten Band meiner Memoiren
abgeliefert. Jetzt beginnt die Arbeit beim folgenden Band.

Mit herzlichen Grüßen an Sie und Ihren Mann

                            Ihr

Frau
Gabriele Henkel
4 Düsseldorf
Chamissostraße 9

»Die Fotografie, die so ausgezeichnet Ihr Wesen wiedergibt«

Konrad Adenauer war so freundlich. Mit herzlichen Grüßen.

23. Dezember 2003

S.E.
Herrn Bundeskanzler a.D.
Dr. Helmut Schmidt

Sehr verehrter Helmut Schmidt,

andere haben eine Giraffe, einen Löwen, einen Adler im Wappen. Zu Ihnen passt der Löwe, aber einer, der raucht. Ich habe eine Metropackung Mentholzigaretten für Sie und Ihre Frau bestellt und wünsche Ihnen viele genussreiche Lungenzüge,

stets Ihre

Barbara Hentzel

»Viele genussreiche Lungenzüge!«

Mein Brief an Altbundeskanzler Helmut Schmidt, in dem ich mein Weihnachtsgeschenk ankündigte: eine Metropackung Mentholzigaretten.

Anhang

Personenregister

Abdul (Butler) 111 f., 117 f.
Achter, Viktor 39
Adenauer, Konrad 29, 85 f.
Adorno, Theodor W. 125
Agnelli, Gianni 19 f., 103
Agnelli, Marella 19
Ahlers, Conrad 87
Albrecht, Susanne 119
Aragon, Louis 147
Aristoteles 167
Armani, Giorgio 121, 138
Astor, David 79, 86
Auden, W. H. 84
Augstein, Rudolf 92, 136
Avedon, Richard 19

Badrutt, Cappy 41 f.
Bardot, Brigitte 43, 55
Barr, Alfred 109
Barzel, Rainer 121
Baselitz, Georg 105
Beaton, Sir Cecil 138 ff.
Beauvoir, Simone de 51
Beckmann, Max 32
Beethoven, Ludwig van 83, 166
Beitz, Berthold 132
Bellinger, Katrin 158
Belting, Hans 166
Bemelmans, Ludwig 12, 49
Benrath, Martin 31
Berg, Fritz 29
Bergé, Pierre 59

Beuys, Joseph 9 f., 30, 33, 38, 40,
  96–99, 105, 144
Biedenkopf, Kurt 121 f.
Bismarck, Günther von 77
Bismarck, Otto von 86
Boenisch, Peter 172
Böhme, Erich 136
Böll, Heinrich 30 f., 120
Brandauer, Klaus Maria 31
Brandt, Willy 135
Braque, Georges 99
Brendel, Alfred 166
Brock, Bazon 10, 141, 143, 159, 165
Buback, Siegfried 119
Burda, Hubert 105, 158
Bush, George W. 170

Cameron, David (»Tonio«) 37 f.
Campigli, Massimo 24
Canaletto 102
Carriere, Mathieu 172
Castelli, Leo 10, 57, 99 f., 104,
  106–109, 144
Castro, Fidel 45
Chagall, Marc 35
Chamisso, Adelbert von 21
Chanel, Coco 139
Chirac, Jacques 161
Cicero 110
Clement, Wolfgang 40
Colleoni, Bartolomeo 110
Corinth, Lovis 102
Corti, Axel 85

Dalí, Salvador 35, 173
Davies, Michael 80
Delaunay, Robert 175
DeSanctis, Roman 123
Deutsch, Anna 38
Deutsch, Ernst 32, 34, 38
Diderot, Denis 136
Dietrich, Marlene 22, 139, 148
Doldinger, Klaus 33
Dönhoff, Marion Gräfin 79, 86
Dorsch, Käthe 31
Dubuffet, Jean 99
Duchamp, Marcel 152

Edelmann, Heinz 43
Edison, Thomas Alva 105
Eichmann, Adolf 93
Enzensberger, Hans Magnus 174
Erhard, Ludwig 29
Erler, Fritz 86
Euripides 176
Everding, August 151, 157

Feltrinelli, Giangiacomo 45, 171
Feltrinelli, Inge 45 f., 136
Fischer, Pit 33 f., 59
Fitzgerald, Ella 37
Flaubert, Gustave 173
Fleckhaus, Willy 141 f.
Flickenschildt, Elisabeth 31
Ford, Gerald 130
Franz, Prinz von Bayern 104 f., 158
Friedrich, Caspar David 43, 118
Friedrich Wilhelm IV., König von
    Preußen 153
Fürstenberg, Diane von 144
Furtwängler, Wilhelm 166

Garbo, Greta 45, 139
García Lorca, Federico 118
Gere, Richard 144
Gehry, Frank 109
Genscher, Hans-Dietrich 39
Giorgione 126
Givenchy, Hubert de 42, 138
Glass, Philip 100
Gnoli, Domenico 24
Goldmann, Guido 129 f., 145–148
Goldmann, Nahum 130, 145
Goldsmith, Sir James 22
Gombrich, Ernst 110 f.
Gorbatschow, Michail 149
Graubner, Gotthard 43
Greene, Milton 139
Gruber, Karl 84
Gruenter, Rainer 141
Grunwald, Alfred 129
Grunwald, Henry 128 f.
Guevara, Ernesto (»Che «) 45
Günther, Ignaz 106

Haffner, Sebastian (eigtl. Rai-
    mund Pretzel) 79
Hahn, Carl 48
Hahn, Kurt 80
Hahn, Lola 80
Hahn, Oscar 80 ff.
Hahn, Rudolf 80
Harnoncourt, Nikolaus 166
Heager, Bob 85
Heckel, Erich 32
Heesters, Nicole 34, 38
Heine, Heinrich 159 ff.
Hemingway, Ernest 45
Henkel, Andrea 116 ff.

Henkel, Christoph 18, 42, 59,
92 f., 116, 118, 123, 128, 158, 165,
169 f.
Henkel, Fritz 103, 115
Henkel, Gerda 28
Henkel, Johanna 116
Henkel, Jost 17, 20
Henkel, Konrad 9 ff., 17 ff.,
24–28, 33, 37 f., 40 f., 44, 46 ff.,
53, 59 f., 87, 91–94, 100 ff.,
116 f., 121, 123 f., 126 f., 131 f.,
135, 139 f., 149, 152, 158–162,
169 f.
Hentrich, Helmut 21, 24
Henze, Hans Werner 52
Herrhausen, Alfred 39
Herzog, Roman 161
Heuss, Theodor 93
Heyden, Joseph 77
Hitler, Adolf 64, 83
Hochschild, Moritz (»Don Mau-
ricio«) 50 f., 58, 138 f.
Hockney, David 99, 144
Horst, Horst P. 139
Horten, Helmut 32
Hünermann, Hete (Schwester) 43,
63, 145, 167
Hünermann, Hete (Mutter) 64
Hünermann, Rudolf 67
Hünermann, Theo 63, 69, 74
Hünermann, Theodor 27, 63 ff.,
71, 122
Hünermann, Walter 63, 74

Immendorff, Jörg 98
Ionesco, Eugène 31, 38

Jagger, Bianca 144
Jähn, Hannes 142 f.
Janis, Sidney 99
Jean Paul 12
Johns, Jasper 30, 100, 106 f.
Johnson, Philip 10, 109, 137, 153
Juan Carlos, König von Spanien
155
Judd, Donald 100

Kahnweiler, Daniel-Henry 108
Karajan, Eliette von 41 f.
Karajan, Herbert von 40 f., 166
Karmal, Babrak 130
Kelly, Ellsworth 99, 175
Kennedy, Jacqueline (»Jackie«) 12,
51, 139
Kennedy, John F. 12, 29, 45, 51
Kiesinger, Kurt Georg 36
Kinkel, Klaus 172
Kirchner, Ernst Ludwig 24, 32
Kissinger, Henry 9, 40, 128 ff.
Kissinger, Nancy 130
Klee, Paul 99, 108
Klein, Calvin 144
Klein, Yves 98
Kline, Franz 108
Knef, Hildegard 9, 36 ff., 148
Knoebel, Imi 175
Knuth, Gustav 31
Kohl, Helmut 121 f., 135, 161
Kollek, Teddy 93 ff.
Kooning, Willem de 108
Koselleck, Reinhart 154
Krämer, Günter 157
Kreisky, Bruno 84

Krenek, Ernst 84
Kricke, Norbert 24
Krüger, Michael 158, 175
Kuby, Erich 120
Kuhn, Hans Peter 157

La Fontaine, Jean de 165
Lagerfeld, Karl 137 f.
Lebeck, Robert 140
Ledig-Rowohlt, Heinrich Maria
   45
Lehár, Franz 129
Lepenies, Wolf 175
LeWitt, Sol 97
Lichtenstein, Roy 101, 107, 144
Liebermann, Max 35
Liebermann, Rolf 34 ff., 58
Long, Richard 97
Lübke, Heinrich 29
Ludwig III., König von Bayern
   104
Ludwig, Peter 103 f.
Lüpertz, Markus 172

Malle, Louis 55
Mandl, Fritz 19
Matisse, Henri 102, 110, 147, 173
Meinhof, Ulrike 120
Meir, Gerd 125
Merkle, Hans 39
Mies van der Rohe, Ludwig 137
Minelli, Liza 144
Minetti, Bernhard 31
Molden, Ernst 84
Molden, Fritz 83 ff., 87
Molden, Otto 84
Monroe, Marilyn 139

Monteverdi, Claudio 65
Monti della Corte, Beatrice 54 f.,
   57 f.
Moreau, Jeanne 55
Moser, Simon 84
Mozart, Wolfgang Amadeus 166
Mueller, Otto 32

Nauman, Bruce 107
Neutra, Richard 18
Neville, Rafael 44 f.
Niarchos, Stavros 22, 130
Nolde, Emil 24, 32
Norman, Jessye 126, 156

Oldenburg, Claes 97, 144
Olitski, Jules 101
Onassis, Aristoteles 12, 51
Onassis, Christina 22

Paik, Nam June 97
Palermo, Blinky 105
Palestrina, Giovanni Pierluigi da
   65
Parks, Gordon 140 f.
Persius, Ludwig 153
Picasso, Pablo 24, 45, 98, 102, 152
Picht-Axenfeld, Edith 65
Polke, Sigmar 97
Pollock, Jackson 30, 107, 109,
Ponto, Jürgen 39, 119, 125
Poons, Larry 97, 101
Popper, Karl 84
Preradović, Paula von 84
Pucci, Emilio 42
Pye, Henry 87

Raffalt, Reinhard 52 ff., 58, 117 f.
Rau, Christina 121
Rau, Johannes 40, 121, 171
Rauschenberg, Robert 33, 100
Reed, Lou 144
Reich, Steve 100
Reich-Ranicki, Marcel 154
Renta, Oscar de la 101, 138
Reynaud, Jacques 173
Rezzori, Gregor von (»Grischa«) 9, 54–58, 125
Richardson, John 22
Richmond, Jack 158 f.
Richter, Gerhard 33, 97, 175
Rickey, George 98
Rockefeller, David 19, 103
Rockefeller, John D. III 106
Roederer, Pierre-Louis 33
Rohan-Chabot, Paola de 59
Roth, Dieter 97
Rothko, Mark 108
Rubin, Larry 99
Rubin, William 99

Sachs, Gunter 42 f., 124
Sagan, Françoise 59
Saint Laurent, Yves 59, 136, 138
Sandberg, Willem 98
Sartre, Jean-Paul 51
Scheel, Mildred 116, 121
Scheel, Walter 116, 121
Schell, Paul von 38
Schelsky, Helmut 84
Schleyer, Hanns-Martin 119
Schinkel, Karl Friedrich 153
Schlöndorff, Volker 56
Schlumberger, Pierre 126

Schlumberger, Sao 126
Schmalenbach, Werner 30
Schmela, Alfred 33, 99
Schmid, Carlo 39, 86
Schmidt, Helmut 10, 35, 119–122, 130, 135
Schnabel, Julian 144
Schneider, Ernst 29
Schneider, Romy 148
Schoeller, Franz Jochen 78
Schönberg, Arnold 35
Schönberg, Gertrud 36
Schongauer, Martin 173
Schröder, Gerhard 148
Schrödinger, Erwin 84
Serra, Richard 107
Sihler, Helmut 124
Sinatra, Frank 129, 136, 149
Sonnabend, Ileana 107
Speer, Albert 39
Spoerri, Daniel 30, 43, 97
Springer, Axel 92 f.
Stein, Peter 174
Steinbrück, Peer 171 f.
Stella, Frank 10, 30, 39, 97, 100 ff., 106 f., 126, 144 f., 175
Stella, Harriet 101, 106
Stolz, Robert 129
Strauß, Franz Josef 85
Strawinsky, Igor 36
Strehler, Giorgio 46
Stroux, Karl-Heinz 31
Stux-Rybar, Valerian 21 ff., 145

Taylor, Elizabeth (»Liz«) 129, 139, 144
Thun, Matteo 45, 136 f., 154

Thurn und Taxis, Gloria von 57, 124 f.
Thurn und Taxis, Johannes von 57, 124 f.
Till, Wolfgang 156, 158
Tintoretto 110
Tizian 65, 102, 110, 154, 166
Torberg, Friedrich 12, 59, 85, 122 f., 146
Torberg, Marietta 85
Townend, Peter 45 f.
Twombly, Cy 33, 99, 107

Uecker, Christine 150
Uecker, Günther 9, 33, 38, 150 f.
Ulbricht, Walter 28
Urso, Sandro d' 20

Vasari, Giorgio 171
Verrocchio 110
Vidal, Gore 22
Vilallonga, José Luis de la 155
Virchow, Rudolf 67

Wagenbach, Klaus 171
Walz, Udo 148
Wapnewski, Peter 10
Warhol, Andy 10, 30, 43, 96, 106 f., 143
Watteau, Jean-Antoine 166
Weber, Roland 24
Wechmar, Rüdiger von 87
Weidenfeld, George 39, 147 f.
Weizmann, Chaim 39
Wessely, Paula 31
Whitman, Walt 9
Willms, Johannes 56, 154 f., 167
Wilson, Harold 39
Wilson, Robert (»Bob«) 10, 96, 126 f., 154, 156 f., 172 f.
Witsch, Joseph Caspar 30 f.
Woeste, Albrecht 149, 170
Wolf, Reinhart 139 f.
Wolfe, Tom 144
Wyler, William 22

Quellennachweis

Abbildungen

Antje Debus: 42 – Archiv Firma Henkel: 49 – Milton H. Greene (© 2017 Joshua Greene – www.archiveimages.com): 19, 34 – Ulrich Horn: 26, 36, 37, 38, 40 – Jack Kulcke: 50, 51, 52, 53 – Robert Lebeck: 48 – Stefan Moses: 15, 41 – Privatbesitz: 1, 2, 3, 4, 5, 6, 7, 8, 9, 10, 12, 13, 14, 16, 17, 18, 20, 21, 22, 23, 24, 25, 27, 28, 30, 31, 32, 33, 35, 39, 43, 44, 45, 46, 47, 54

Briefe

Wir danken Henry Kissinger, Karl Lagerfeld, Frank Stella und Günther Uecker ebenso für die freundliche Erlaubnis zum Abdruck wie den Rechtsnachfolgern von Konrad Adenauer, Ludwig Bemelmans, Joseph Beuys (© 2017 VG Bild-Kunst, Bonn), Heinrich Böll (© 2017 Verlag Kiepenheuer & Witsch GmbH & Co. KG, Köln), Pit Fischer, Helmut Kohl, Teddy Kollek, Marcel Reich-Ranicki (mit freundlicher Genehmigung von Andrew Ranicki), Gregor von Rezzori, Helmut Schmidt, Friedrich Torberg und Peter Wapnewski.

Wir haben uns bemüht, alle Rechteinhaber ausfindig zu machen, verlagsüblich zu nennen und zu honorieren. Sollte dies im Einzelfall aufgrund des Zeitablaufs und der schlechten Quellenlage bedauerlicherweise einmal nicht möglich gewesen sein, so bittet die Autorin um Nachsicht und gegebenenfalls Mitteilung an den Verlag. Begründete Ansprüche werden selbstverständlich erfüllt.